# 私立高等教育研究：
## 理论与政策

Research on Private Higher Education:

Theories and Policies

陈武元 等/著

图书在版编目(CIP)数据

私立高等教育研究:理论与政策/陈武元等著. —厦门:厦门大学出版社,2019.6
ISBN 978-7-5615-7386-0

Ⅰ.①私…　Ⅱ.①陈…　Ⅲ.①私立大学—教育研究—中国　Ⅳ.①G649.2

中国版本图书馆 CIP 数据核字(2019)第 088440 号

| | |
|---|---|
| 出 版 人 | 郑文礼 |
| 责任编辑 | 曾妍妍 |
| 封面设计 | 拙　君 |
| 技术编辑 | 朱　楷 |

出版发行　厦门大学出版社
社　　址　厦门市软件园二期望海路 39 号
邮政编码　361008
总 编 办　0592-2182177　0592-2181406(传真)
营销中心　0592-2184458　0592-2181365
网　　址　http://www.xmupress.com
邮　　箱　xmup@xmupress.com
印　　刷　厦门集大印刷厂

开本　720 mm×1 000 mm　1/16
印张　12
插页　4
字数　210 千字
版次　2019 年 6 月第 1 版
印次　2019 年 6 月第 1 次印刷
定价　48.00 元

本书如有印装质量问题请直接寄承印厂调换

厦门大学出版社
微信二维码

厦门大学出版社
微博二维码

# 目 录

**总论篇　论私立高等教育发展的制度环境 /1**

**第一章　中国民办高等教育发展的现状与课题 /13**
  第一节　中国民办高等教育政策法规发展历程及意义 /14
  第二节　中国民办高校发展战略的必然选择 /25
  第三节　中国民办高校如何走出办学水平不高的困境 /32

**第二章　地方民办教育管理先行先试 /40**
  第一节　关于制定地方民办教育管理条例的思考 /40
  第二节　制定地方民办教育管理条例的思考：以 S 市为例 /48

**第三章　亚洲其他国家私立高等教育发展举隅 /59**
  第一节　韩国、马来西亚、菲律宾三国私立高等教育经费政策 /60
  第二节　韩国私立大学的重组改革 /73
  第三节　马来西亚私立高等教育 /82
  第四节　菲律宾私立高等教育 /102

**第四章　拉美私立高等教育发展动向 /125**
  第一节　拉美私立高等教育发展特点及趋势 /125
  第二节　巴西私立高等教育的质量困境及其应对机制 /131

**参考文献** /141

**附录一** /147

**附录二** /177

**后　记** /185

# 总论篇　论私立高等教育发展的制度环境

私立高等教育是高等教育系统的重要组成部分，政府对其态度及其由此形成的制度环境对私立高等教育的健康发展具有深远的影响。世界私立高等教育的发展大致存在市场主导型和国家主导型两种制度安排，不同制度安排生成的制度环境导致私立高等教育的两种不同命运。当今，发展私立高等教育已成为世界各国高等教育发展的必然趋势，而且各国私立高等教育发展的制度环境也在不断改善。国际经验表明，在国家主导型的高等教育系统中发展私立高等教育，政府都会有从"排斥"到"不得已接受"再到"接受乃至完全接受"的过程。一般来说，"排斥"主要表现在精英教育阶段，"不得已接受"主要表现在大众化起步阶段，"接受乃至完全接受"主要表现在后大众化阶段或普及化阶段，属于国家主导型的多数国家的私立高等教育发展轨迹已经或正在遵循着这个规律。当前我国民办高等教育发展的制度环境亟待优化，且必须加大改善力度，一方面需要借鉴我国近代私立高等教育的发展经验，另一方面还要学习国外私立高等教育发展制度环境的治理经验，为民办高等教育又好又快发展营造更为良好的制度环境。

私立高等教育作为高等教育系统的组成部分，深受外部制度环境的制约，这个制度环境隐含着政府对发展私立高等教育的态度。政府的态度及其由此形成的制度环境，不仅影响着私立高等教育的生存，更关乎私立高等教育的发展大计。我国民办高等教育是伴随着国家改革开放政策的实施而重新复苏，并伴随着改革开放的不断深化而发展壮大，其昨天、今天的发展变化，折射出我国民办高等教育发展制度环境的不断变化。当前，随着知识经济作用的日益彰显，以及各国综合国力竞争的日益激烈，全球性的高等教育大发展必然带动私立高等教育的大发展。面对这种形势，如何进一步改善我国民办高等教育发展的制度环境正引起社会各界的普遍关注。因此，深入分析世界私立高等教育发展的制度环境，进而研究我国民办高等教育发展的制度环境选择，无疑具有特别重要的意义。

## 一、两种典型的私立高等教育发展的制度环境

纵观世界私立高等教育发展史，同样发展私立高等教育的国家，在市场主导型和国家主导型的不同制度环境下，各国的私立高等教育发展有着不同的命运。美国是典型的市场主导型国家，而日本则是有着国家主导型传统的典型国家（现在趋向以市场主导型为主）。

美国是世界私立高等教育十分发达的国家之一，其私立高校占据着国家高等教育系统的核心地位。有资料显示，从1946年到1971年获得诺贝尔奖的66名美国人中，有2/3从美国私立大学获得他们的最高学位，13%从美国公立大学、20%从国外大学获得他们的最高学位。[1] 从美国国内来看，据《美国新闻与世界报道》发布的"2007年美国最佳大学排行榜"，前20名几乎为私立大学所囊括；从国际上看，美国私立大学进入世界前10名的有哈佛大学、斯坦福大学、麻省理工学院等7所学校，占了全世界十佳大学70%的席位。而日本同样是世界私立高等教育十分发达的国家之一，私立高校数与在校生数均占总数的75%以上，在大学数量方面，私立大学数也是国立、公立大学数的3倍以上。但国立大学依旧占据本国高等教育系统的主导地位，尽管私立大学数量庞大，但相对于国立大学还是处于从属地位。从日本国内来看，能够与国立大学相抗衡的私立大学极少，仅有庆应义塾大学、早稻田大学等极少数几所大学；从国际上看，在世界百佳大学排行榜中，日本有5所国立大学（东京大学、京都大学、大阪大学、东北大学和名古屋大学）入选，而私立大学则榜上无名。

下面拟从文化视角对最具代表性的美、日两国私立高等教育发展的制度环境进行较为深入的分析。

### （一）多元文化：美国高等教育制度安排的根基

美国是由移民和他们的后裔建设并发展起来的国家。多元文化是美国的文化特征，它包含了实用主义和个人主义，也包含了冒险、开拓的创新精神和自由平等精神。实用主义体现在讲求效益、注重实用，以及对各种矛盾和利益冲突寻

---

[1] 爱德华·希尔斯. 学术的秩序[M]. 李家永，译. 北京：商务印书馆，2007：180.

求妥协协调及解决办法；个人主义体现在崇尚个体至上、强调个人的独立存在，尊重个人的尊严、自由权利。美国民众反对政府对个人权利的干预和限制，个人主义是美国文化的真正核心。美国又是一个彻底实行了资产阶级革命的国家，因而形成了一个市民社会。在美国，个人与国家政府之间存在着众多的自愿结合的社会组织，构成了一个巨大的网络结构，成为国家与个人相联系的中介。各种社会组织将单个公民动员起来，结成利益共同体，既阻止国家权力的过分扩张和对个人权利的侵犯，又在政府功能薄弱的公共领域起到补充和协调的作用。"小政府、大社会"和"越小的政府是越好的政府"的主张，是美国市民社会观念的精髓。由于美国独特的文化特性，以及市民社会观念和机构的普遍存在，使得社会公众普遍认为由政府独家经营高等教育事业并不利于美国社会的发展，而公、私立高等教育相互竞争、相互依存，不仅可以提高财政使用效益、节省政府开支，更为重要的是可以满足社会公众对高等教育的多样化需求。美国的建国历史，还形成了颇具特色的捐赠文化，这为美国私立高等教育捐资办学传统的形成奠定了坚实基础。

美国《宪法》及其修正案是立国的根本大法，无不体现着上述文化特性。达特茅斯学院案以原告方的胜诉而告终，这是美国私立高等教育制度环境走向成熟的标志，在美国私立高等教育发展史上具有里程碑意义。它促进了公、私立高校的分野，并为高等教育多样化发展奠定了基础。此后，1862年和1890年两次颁布的《莫里尔法案》，1958年和1963年两次颁布的《国防教育法》，1991年美国布什总统签署的《美国2000年教育战略》和1994年克林顿总统签署的《2000年目标——美国教育法》以及国会通过的《直接贷款法》和《国家服务法》等国家政策或法律条款均对私立高等教育同样有效。从美国的法律体系及教育法规来看，政府所制订的教育法规，是对高等教育发展的一种政策引导，而不是直接插手高等教育；政策法规方面也越来越显示出私立高等教育与公立高等教育同等的待遇，特别是在财政支持方面。

美国私立高等教育能够拥有如此重要的社会地位，正是由于不存在国家直接干预，以及捐赠文化、开放的社会观念等多种因素的共同作用，这是美国特有的环境，也昭示着私立高等教育制度环境的应然状态。这种应然状态，直截了当地说，就是要能充分保证大学自治与学术自由。著名的美国社会学家爱德华·希尔斯阐述的这番话是对美国私立高等教育制度环境的最好注解——"……似乎存在于私立大学在内部管理上所允许具有的更大程度的自主性，在于它们对已经具有的、可以掌控的资源能够有更大程度的调节，在于有需要时它们有自由和精力去争取更多的财政资源。这些因素，再加上它们可以利用的首先是社会上、然后是学术上的声誉，使得它们对年轻而不为人所知和成熟而有名气的科学家和学者、也对学识上雄心勃勃而又勇敢无畏的学生更有吸引力。"①

### （二）等级文化：日本高等教育制度设计的思维框架

日本是一个由单一民族组成的国家，也是多火山、多地震的岛国。这样的民族构成、地理位置以及恶劣的环境，形成了日本社会特有的等级文化。而且，日本在明治维新之前一直深受中国儒家文化的影响，有着长达1000多年的中央集权统治的封建社会发展史，因而"大一统"思想、"官尊民卑"思想根深蒂固，国家意志强。根深蒂固的日本等级文化，尽管近100多年来受到西方文化的熏染，但其本质依然不变。日本人从没想过放弃等级文化的价值观，他们习惯了按照"尊卑、贵贱、上下、长幼"这样的"天道"来安排自己的生活。当然，由于环境恶劣，也导致了日本文化含有与美国一样讲求实用的功利主义色彩。

在近代，日本受西方列强"坚船利炮"的武力威胁而被迫打开国门，通过明治维新，走上了近代化的发展道路。其中一项重要的举措就是发展近代高等教育。由于受近代德国强调国家参与大学建构思想的影响，日本十分重视国立大学建设，颁布《帝国大学令》，将东京大学改为"帝国大学"就是例证。其目的是为国家培养有知识、有文化的精英阶层。但近代化初期的日本，由于国力弱小，无法创办更多的国立大学，而一些近代启蒙思想家（如福泽谕吉）和失落的政治家（如大隈重信）怀抱着传播西方文明、培养掌握西方科学知识的专门人才的理念而创办了私立专门学校，但政府并不重视私立高等教育的发展，采取"放任自由、自生自灭"的态度。直到20世纪初，随着产业社会的发展，社会强烈要求高等教育机构培养更多的专门人才，鉴于国力还较弱，需要鼓励民间力量参与高等教育，政府才于1918年颁布《大学令》，正式承认私立大学的法律地位。但政府对私立高校的控制反而加强了。②

由于政府长期奉行"国家办大学"的方针，加上儒家文化中先天就缺乏慈善的要素，使得私立高等教育不仅没能得到政府的资金支持，而且也无法得到社会

---

① 爱德华·希尔斯.学术的秩序[M].李家永，译.北京：商务印书馆，2007：188.
② 关正夫.日本高等教育的改革动向[M].陈武元，译.厦门：厦门大学出版社，1991：92-93.

慈善的资金支持，其办学资源只能依靠学费来维持，发展举步维艰。二战后，受美国教育机会均等和教育民主化思想的影响，日本政府先后于1947年和1949年制订并颁布了《教育基本法》、《学校教育法》和《私立学校法》，确立了国立、公立和私立并存发展的格局，从而消除了政府排斥私立高等教育的态度。此后，日本经济到1955年已恢复到战前的最高水平，进入长达10多年的经济高速发展时期，与此同时，遇上了战后第一次人口高峰期，迫于经济高速发展急需大量中高级专门人才和大学升学的双重压力，日本政府将私立高等教育的发展问题纳入《国民收入倍增计划》，从而促进了私立高等教育的跨越式发展，并为日本高等教育大众化的顺利实现做出了巨大贡献。1970年日本私立高等教育机构数达695所，在校生数129.13万人，分别占机构总数的75.46%和在校生总数的75.33%，[①] 这是日本政府的意外收获，也使其开始认识到私立高等教育在国家高等教育系统中的重要性。鉴于此，日本政府于1970年开始对私立大学实行补助金制度，并于1975年颁布了《私学振兴助成法》，开辟了政府资助私学的新纪元，在日本私立高等教育发展史上具有里程碑意义。这也标志着日本政府对私立高等教育的态度由"不得已接受"向"接受"的转变，更标志着日本私立高等教育发展制度环境的改善有了较大突破。

20世纪90年代初，日本泡沫经济崩溃后，经济发展处于低迷状态。为了经济的复苏，日本政府积极采取应对措施，加大行政、财政结构改革，在高等教育制度方面，更是大力推动国立大学独立行政法人化改革，强化市场竞争机制，使国立大学越来越趋向于私立高校的经营方式，即要求国立大学谋求国家财政以外的财源。从深层次上说，日本通过制度改革，使国立大学越来越趋向私立大学，而私立大学在不断争取国家财政支持的同时越来越像国立大学，公、私立高等教育相互竞争，从而提高高等教育资源的使用效率，并最终提高高等教育的质量。这是在高等教育后大众化阶段或普及化阶段初期日本政府对高等教育发展做出的制度安排，标志着私立高等教育发展制度环境的改善达到了一个新的水平。

由于美、日两国私立高等教育发展的制度环境不同，导致了两种不同的命运，即：美国私立高等教育在该国居于核心地位，而日本私立高等教育相对于国立大学还是被置于从属地位，是高等教育大众化乃至普及化的主要承担者。当

---

① 文部省.文部统计要览[M].东京：第一法规出版株式会社,1990:71-75.

然，随着日本私立高等教育发展的制度环境的改善，这种局面可能在将来会有所改变，但正如下面将会论述到的那样，日本私立高等教育要走向卓越尚需时日。

或许有人会说，美国私立大学的辉煌与其办学历史较长有密切关系。不错，一般来说，大学办学历史越悠久，大学的社会地位就越高，但这不是——对应的关系。笔者认为，比办学历史更为重要的是制度环境。1891年创办的美国斯坦福大学比日本的庆应义塾大学（1858年创办）晚了33年，但斯坦福大学在2007年世界百佳大学排行榜中位列第二，而在这个排行榜中庆应义塾大学并未进入。由此可见，高等教育的制度环境，对私立高等教育的健康发展具有重要的深远的影响作用。

## 二、中国民办高等教育发展的制度环境

2017年年底，我国民办高校有1500多所，即使扣除实施非学历教育的民办高校，被教育部批准的民办高校也有近500所，加上运用市场机制办学的独立学院265所，两者相加有700多所，就是这样一个看似庞大的民办高校群体，在我国的高等教育系统中却仍是弱势群体。究其原因，笔者认为这与我国民办高等教育发展的制度环境有着密切关系。

### （一）中国近代私立高等教育的发展经验值得借鉴

中国近代私立高等教育（以下论述仅指由中国人创办的私立高校，不含外国人创办的教会大学等）在清末（1905—1911年）孕育产生，最早由中国人创办的私立高校是私立复旦公学（1905年）、中国公学（1906年）和广东光华医学堂（1908年）。1912—1927年在北洋军阀政府统治时期，我国私立高等教育获得了新的生长机遇，先后出现了两次兴办私立高校的热潮，共兴办41所，并涌现出一批起点较高的私立高校，如南开大学、厦门大学、南通大学、大同大学、大夏大学、光华大学、中法大学、广州大学、广东国民大学、上海美术专科学校、东亚体育专科学校等等，这些学校成为日后我国著名或知名的私立大学。1927年以蒋介石为代表的国民党右派建立了南京国民政府，在其统治的22年间，我国私立高等教育又有了长足发展：1927—1937年的10年间，不仅新增了9所私立高校，而且办学质量也有较大提高；在1945—1949年不到5年的时间内，又新增了26

所私立高校。[①] 至1949年,在全国205所大专院校中,不计教会大学,私立高校为60所,占总数的29.3%。[②]1949年10月中华人民共和国成立后,在社会主义改造过程中,政府于1952年年底将所有私立高校全部改为公立,至此在中国大陆存在近半个世纪的私立高校销声匿迹了。

私立高校的销声匿迹既有当时私立高校本身的原因,也有当时中国社会政治经济的原因,但更主要的还是当时政府受苏联模式和我国固有"大一统"文化的影响,导致了对教育属性认识上的偏差。但是,近代中国私立高等教育的历史贡献是不能抹杀的,它不仅培养了一大批对新中国建设有用的专门人才,而且为中华人民共和国高等教育事业的发展奠定了基础。当今中国一些著名大学的发展就与近代私立大学有着密切的渊源关系。

近代私立高等教育为什么能在半殖民地半封建、充满内忧外患的近代中国社会里孕育产生,并有一批不仅能在国内与国立大学相媲美,而且在当时国际上享有良好声誉的私立大学呢?除了有一批充满爱国热情、立志办学的教育家、实业家,如马相伯、张伯苓、陈嘉庚等外,重要的还是当时的制度环境所造就。从文化视角来分析当时的制度环境,主要有以下四个方面值得关注:

首先,中国与日本一样同属儒家文化圈,既是大陆国家(自然环境比日本优越),又有比日本更长的中央集权统治的封建社会发展史,因而"大一统"思想、"官尊民卑"思想之根深蒂固比日本有过之而无不及,素有"学在官府"的办学传统。但是,我国还有绵延两千多年之久的私学传统,这是近代中国私立高等教育产生发展的历史文化根源(这方面已有很多研究成果,在此不再赘述)。

其次,清朝末期,中国由于受到西方列强的侵略,直到中华人民共和国建立之前一直处于半殖民地半封建社会。这种特殊的社会形态,使得有着中央集权统治传统的政府之干预力量受到严重削弱。而且民国政府在政权相对统一稳定时期,对发展公、私立高等教育也能持比较平等的态度,除1929年颁布的《私立学校规程》对私人办学的合法权益予以保障外,还于1934年设立专款资助私立高校,如1935—1936年度,中央及地方政府资助厦门大学的经费占其经费总数

---

① 宋秋蓉.20世纪上半叶中国私立大学产生与发展的历史轨迹[J].高等教育研究,2006(11):98-105.

② 金忠明,等.中国民办教育史[M].北京:中国社会科学出版社,2003:158.

的40%。①

再次，救亡图存催生教育救国，并激励着许多仁人志士全身心投入教育事业，充分体现了中华民族优秀文化中不屈不挠的精神。

最后，在外国经济入侵之下，近代中国被迫从自然经济向市场经济转轨。资本主义市场经济的初步发展，为近代中国市民社会的孕育萌芽提供了条件，并初步具有市民社会的基本特征。特别是民国的建立，为自治、民主、自由观念提供了生存的空间，民国时期的人们认为，私立教育"适合民主政体的目的与精神"，②"私立大学的命运与民本政治密切相关，……大抵民主主义最发达的国家亦是私立大学最多而最有地位的国家"。③在这样的社会背景下，当时的政府与民众对私学的态度均比较开放。

从上面的分析可以看到，近代中国私立高等教育发展的制度环境具有以下几个特征：国家干预私立高等教育的力量弱；政府出台的有关教育法规政策基本上能平等对待公、私高等教育；有一批爱国实业家资助私立高等教育，等等。这些特征在某种程度上与美国的特征相契合。这些都值得我们深入研究和借鉴。

（二）中国民办高等教育发展制度环境的现实

民办高等教育的复苏是伴随着改革开放政策的实施而兴起的，并随着改革开放的不断深入而发展壮大。从1982年第一所民办高校——中华社会大学（现为北京经贸职业学院）的诞生开始至2017年年底，在30余年的时间内，我国已经创办了1000多所民办高校，其成绩与我国改革开放以来取得的经济发展的巨大成就一样，令世人瞩目。这一成绩的取得既与一大批热爱教育事业的社会组织和个人有关，也与国家不断改善民办高等教育发展的制度环境有关。制度环境的不断改善体现了我国政府在对待民办高等教育发展问题方面的态度在不断

---

① 厦门大学校史编委会．厦门大学校史（第一卷）[M]．厦门：厦门大学出版社，1990:121-122．

② 吴哲夫．私立学校在国家教育制度中的地位 [J]．新教育，1925,9(1)．（转引自：宋秋蓉．民国时期中国人的私立大学观——20世纪上半叶中国各类私立大学发展的观念原因 [J]．民办教育研究，2007(1):90．）

③ 邱椿．我国私立大学之前途 [J]．中华教育界，1938,24(6)．（转引自：宋秋蓉．民国时期中国人的私立大学观——20世纪上半叶中国各类私立大学发展的观念原因 [J]．民办教育研究，2007(1):90．）

发生变化。从 1982 年颁布的《宪法》规定允许社会组织或公民个人办学开始，到 1987 年原国家教委颁布的《关于社会力量办学的若干暂行规定》（以下简称《暂行规定》），1997 年颁布的《社会力量办学条例》（以下简称《办学条例》），再到 2002 年全国人大通过并颁布的《中华人民共和国民办教育促进法》（以下简称《民促法》），截至 21 世纪初先后制订并颁布的有关教育法规政策达 40 多份，反映了我国政府在改善民办高等教育发展的制度环境方面所付出的极大努力。这是应当给予充分肯定的。但对比国外，尤其是美、日两国的发展状况或发展趋势，我国民办高等教育发展的制度环境还有一些不尽如人意的地方。具体而言，主要体现在以下几个方面：

第一，在办学层次方面，还不能平等对待公、私立高等教育，民办高等教育主要被定位在高职高专，致使民办高校的发展空间受到限制。

第二，在政府资助方面，虽然《民促法》规定"可以资助"，但由于没有具体落实措施，导致政府对民办高等教育应负的责任没有到位。

第三，在优惠政策方面，如民办高校捐赠办学者的捐赠抵扣所得税问题，目前还没有出台足够吸引捐赠者的法律政策，换句话说，在培育捐赠文化方面的措施还不够有力，致使本应该成为民办高校筹措办学经费的重要渠道还不够通畅。另外，由于民办高校融投资的政策缺失，导致民办高校持续发展的资金链十分脆弱，等等。

第四，在办学自主权方面，政府对民办高校的干预还较多，比如在招生问题上规定民办高校录取的学生必须参加全国统一高考，且主要在第三批次招生，影响了民办高校办学特色的形成。又比如在学费标准问题上规定民办高校只能收多少钱，也是影响民办高校办出水平和特色的因素，等等。

第五，在评估方面，还没有建立起独立于政府的中介组织，致使民办高校的学校自治和学术自由很难得到保障。

这些问题的存在既有计划经济体制背景下"国家包办教育"的传统惯性，又有政府对教育属性认识的局限性。这些问题既是我国民办高等教育发展过程中必然要遇到的问题，也是我国民办高等教育发展制度环境的现实状况，更是我国民办高等教育要实现持续健康发展必须解决的问题。

## 三、中国民办高等教育发展的制度环境选择

### （一）发展私立高等教育是世界各国高等教育发展的必然趋势

21世纪的高等教育系统将迎来普及高等教育的阶段，这是美国著名教育社会学家马丁·特罗教授在很早以前就说过的。从20世纪美国和日本高等教育实现从精英阶段向大众化阶段再向普及化阶段的顺利过渡来看，高等教育的多样化是其取得成功的主要经验。这里的多样化，不仅体现在高等教育结构的多样化，研究型大学、文理学院、短期大学、社区学院等办学层次和办学类型多种形式并存，更为重要的是体现在高等教育办学主体的多样化，简单地说，就是重视和发展私立高等教育。假如美国没有私立大学，它现在就不会拥有那么多世界一流大学；假如日本没有私立高等教育，它实现高等教育大众化乃至普及化就不会那么顺利。但是，众所周知，美、日两国高等教育大众化乃至普及化的依靠力量是不同的。欧洲高等教育在从精英阶段向大众化阶段过渡时遇到的危机和困难，给我们提供了另一方面的思考。错失20世纪六七十年代全球高等教育大发展"黄金时代"的欧洲国家，从80年代开始加速高等教育制度改革，其中值得关注的是素有政府办学传统的德国开始发展私立高等教育。前苏东社会主义国家在社会转型时期，也在积极发展私立高等教育。东亚的韩国，东南亚的菲律宾、泰国、马来西亚、印尼等国在发展私立高等教育方面力度更大。韩国政府通过"21世纪智慧韩国计划"积极凝练私立大学的特色化；菲律宾政府通过卓越中心（Center of Excellence，COE）和发展中心（Center of Development，COD）的设立，强化那些办学卓越的私立大学，马来西亚政府更是雄心勃勃地想把私立高等教育打造成区域高等教育优质中心。总之，发展私立高等教育已是世界各国高等教育发展的必然趋势。

### （二）国外私立高等教育发展的制度环境正在加速改善

随着知识经济时代的不断深化，以及国际竞争的日趋激烈，世界各国都十分重视人力资源的开发，不约而同地把目光投向高等教育。美国以其丰富的高等教育资源及其优越的高等教育制度，继续走在世界的前列。世界多数国家以美国高等教育模式为目标，加快本国高等教育的改革步伐，其中日本的改革动向值得关注。如上所述，始于20世纪90年代中后期的日本国立大学法人化改革，其

目的就是在公立高等教育系统中引入市场竞争机制,以提高资源的使用效率,并最终提高高等教育质量。实施"21世纪COE计划",以质量和特色为基准,公平、公正、平等地对待国立、公立、私立大学,是日本由被动学习美国向主动学习美国的转变,是日本高等教育制度环境进一步改善的标志,其发展前景不可估量。

当然,日本政府改善私立高等教育发展的制度环境也经历了政府态度转变的漫长过程,这在前文已有论述。日本目前能够与国立大学相抗衡的私立大学在数量上还很少,这从日本著名高等教育学家天野郁夫教授在比较考察美、日两国高等教育系统时所述的内容——"向大众化过渡的制度框架与美国具有共同性。……但与美国很大不同的是,作为系统的结构,日本是国、公立承担精英高等教育,私立却成了大众高等教育的主要承担者,这一点与美国正好相反。这就成了日本高等教育大众化乃至普及化与美国相比之历史性的限制条件。"[①]——中也可以得到印证。这段阐述还给我们提供了一个启示:虽然日本私立高等教育发展的制度环境正在改善,但私立高等教育要走向卓越尚需时日。但正如前文所述,日本私立高等教育发展的制度环境已经治理到一个相当高的水平,这一点从其20世纪90年代中后期乃至21世纪初仍在继续的高等教育改革中也可以清楚地看到。

国际经验表明,在国家主导型的高等教育系统中发展私立高等教育,政府都会有从"排斥"到"不得已接受"再到"接受乃至完全接受"的过程,马来西亚、印尼等东南亚国家如此,日本、韩国也是如此。一般来说,"排斥"主要表现在精英教育阶段,"不得已接受"主要表现在大众化起步阶段,"接受乃至完全接受"主要表现在后大众化阶段或普及化阶段,上述国家私立高等教育的发展轨迹无不遵循着这个规律。仔细考察日本私立高等教育的发展历史,我们发现日本政府真正接受私立高等教育的标志是1975年颁布的《私学振兴助成法》,但这个法的颁布与庆应义塾的创办时间已相隔117年。由于惯性使然,私立高校在旧制度环境下经营得越久,在适应新制度环境方面的能力就会变得越弱。这也是天野教授在比较美、日两国高等教育系统研究中给予我们的重要启示。

## (三)中国改善民办高等教育发展的制度环境不仅必需,而且力度要大

如前文所述,1982年伴随着改革开放而复苏的中国民办高等教育到2017年

---

① 天野郁夫.21世纪的高等教育系统:特罗"理论"的再思考[J].陈武元,译.现代大学教育,2007(5):5.

已走过30余年的发展历程，从1982年颁布的《宪法》允许社会团体组织或公民个人办学，到1997年颁布的《办学条例》对民办高等教育的初步规范，再到2002年颁布的《民促法》确立民办高等教育法律地位的发展轨迹，可以看到我国政府在为民办高等教育发展营造良好的制度环境方面付出了极大努力。但是，无论从世界私立高等教育的发展趋势来看，还是从我国的国情来看，要进一步改善制度环境，政府仍有大量的工作要做。从国际上看，各国都在不断改善或治理私立高等教育发展的制度环境；从我国的国情来看，要实现从人口大国到人力资源大国再到人力资源强国的转变，同时还要面对穷国办大教育的现实，我国民办高等教育制度环境的加速改善任重而道远。我国政府应拿出像改革开放初期开辟"经济特区"那样的胆略和气魄，抓紧抓好民办高等教育制度环境的改善工作。

我国民办高等教育从复苏到2017年才走过30余年，但已形成一个庞大的群体，而且从民办高等教育的产生到在制度上确立其法律地位的时间间距上，中国也比日本早30年，从而为我国民办高校的进一步发展奠定了基础。尽管我国高等教育已经处于后大众化阶段，但是，民办高等教育的发展仍面临着深层次的制度环境的改善问题，而且，今后高等教育普及化的发展任务依然十分艰巨。在这样的背景下，政府若能够遵循国际私立高等教育的发展规律，为民办高等教育又好又快发展营造更为良好的制度环境，我们完全有理由相信，我国民办高等教育在不久的将来会有更好的表现。而且，及早改善我国民办高等教育发展的制度环境，将有助于我国高等教育向普及化阶段过渡的顺利实现。因此，笔者认为，为改善民办高等教育发展的制度环境，我国政府应尽快有更大手笔的举措。直截了当地说，就是应尽快消除仍存在的不尽人意的制度环境，加大对民办高校在政府财政资助和落实办学自主权等方面的力度。在此有必要再次强调的是，越快改善制度环境，民办高等教育作用的发挥就会更快、更有效，这是世界私立高等教育发展史告诉我们的经验。

当然，有了良好的制度环境，民办高校能否走向卓越，还要取决于其本身主观能动性的发挥程度。但这不是本章节研究的目的，只能留待以后进一步研究。

# 第一章　中国民办高等教育发展的现状与课题

20世纪80年代至2017年的30余年间，我国民办高等教育的规范工作取得了很大的进展，相关的民办高等教育政策法规一直处于不断发展变化中，这些变化不仅体现了我国政府根据民办高等教育发展实际出台和调整政策的战略，也反映了我国民办高等教育的发展历程，揭示了我国民办高等教育的时代特征、发展趋势和未来走向。

世界私立高等教育大致存在市场主导型和国家主导型两种制度安排，其中补充教育是私立高校在国家主导型高等教育系统处于精英教育阶段时的一种必然现象。国际经验表明，随着高等教育从精英教育阶段走向大众化阶段乃至普及化阶段，国家主导型高等教育系统中的私立高校或早或迟都会从补充教育走向选择教育。我国的高等教育具有典型的国家主导型高等教育系统的特征，从补充教育走向选择教育是我国民办高校发展战略的必然选择，也是其实现可持续发展的关键。这种转变既需要民办高校外部环境的支持，也需要民办高校办学者抓住恰当的时机，做出战略性调整。

除外部制度环境外，充足的资金与充分的自由是大学走向高水平乃至一流的基本条件。目前，我国民办高校在生存和发展上均出现了问题，创建高水平大学乃至一流大学任重而道远。灵活的体制机制是民办高校办出特色、办出水平的制度优势，但是受外部制度环境的制约，我国民办高校的这一体制机制优势并没有促使我国民办高校办出特色、办出水平。资金是民办高校发展过程中一道难以逾越的屏障，民办高校可通过与企业联姻或以企业为后盾，改变依赖学费收入的局面，这是我国民办高校走出办学水平不高困境的良方。

## 第一节　中国民办高等教育政策法规发展历程及意义

让社会资源进入教育领域，是一个国家弥补教育资源不足、实现教育供求平衡、增加教育多样性和选择性、促进教育竞争的理性诉求。中国是一个人口大国，高等教育需求大，但教育资源严重不足，因而大力发展民办高等教育，吸收民间资金办学，弥补教育经费之不足，扩大高等教育整体规模，满足人民群众对不同层次高等教育的需求，是一种重要的战略举措。

20世纪80年代以来，我国民办高等教育得到了前所未有的发展，实现了从复苏崛起到发展壮大的巨大转变，现已形成公办高等教育与民办高等教育、政府办学与社会力量办学共同发展的格局。尽管这一过程经常被人们视为我国民办高等教育事业的延续与复兴，但必须承认今天的民办高等教育已远远超出过去私立高等教育的概念范畴，它是新的经济体制与社会环境催生的产物，有着全新的制度根基和环境基础，有着多样的高等教育形式，以及完全不同的办学理念和经营模式，具有典型的时代特征和独特的办学性质。

举办民办高等教育是一种复杂的社会实践活动，既要规范民办高校的办学行为，也要规范政府的行政行为，还要协调好政府、学校和市场之间的各种关系。这就需要用立法来推动民办高等教育改革与发展，用立法来确立民办高等教育法律关系主体的权利和义务关系。20世纪80年代至2017年的30余年间，我国民办高等教育的规范工作取得了较大的成绩，相关的民办高等教育政策与法规一直处于不断变化之中，这种调整既体现了我国政府根据民办高等教育发展的实际适时出台和调整政策的战略，也揭示了我国民办高等教育的时代特征、发展趋势和未来走向。民办高等教育的政策与法规的不断建立、完善和创新，折射着我国民办高等教育的发展历程。因此，对改革开放以来我国出台的民办高等教育政策与法规进行梳理，有利于解读我国民办高等教育的发展历程。

### 一、民办高等教育政策法规的发展历程

为了促进民办教育的发展，维护民办学校及受教育者的合法权益，中共中

央、国务院、有关部委制定了一系列相关的政策与法规。就民办高等教育而言，20世纪80年代至2017年的30余年间出台的与民办高等教育有关的政策法规达40多个，这些政策法规反映了我国民办高等教育的规范，逐步实现了由以政策为主体到以法规为主体的转变，展现了一幅从零散政策法规到专门立法的发展图景。

（一）以政策为主体的民办高等教育规范

截至1997年，我国民办高等教育的行为规范主要以政策和规章为主体，虽然宪法、教师法、教育法、职业教育法、高等教育法等对民办教育或者说社会力量办学都有相关规定，但这种规定基本上是原则性和纲领性的，总体上还不系统、不全面。如1982年全国人大五届五次会议通过的《中华人民共和国宪法》（以下简称《宪法》）第十九条第四款规定："国家鼓励集体经济组织、国家企业事业组织和其他社会力量依照法律规定举办各种教育事业。"1993年第八届全国人民代表大会常务委员会第四次会议通过的《中华人民共和国教师法》（自1994年1月1日起施行）第三十二条规定："社会力量所办学校的教师待遇，由举办者自行确定并予以保障。"1995年第八届全国人民代表大会第三次会议通过的《中华人民共和国教育法》（自1995年9月1日起施行）第二十五条规定："国家鼓励企业事业组织、社会团体、其他社会组织及公民个人依法举办学校及其他教育机构。任何组织和个人不得以营利为目的举办学校及其他教育机构。"1996年第八届全国人民代表大会常务委员会第十九次会议通过的《中华人民共和国职业教育法》规定："国家鼓励事业组织、社会团体、其他社会组织及公民个人按照国家有关规定举办职业学校、职业培训机构。"1998年第九届全国人民代表大会常务委员会第四次会议通过的《中华人民共和国高等教育法》第六条规定："国家鼓励企业事业组织、社会团体及其他社会组织和公民等社会力量依法举办高等学校，参与支持高等教育事业的改革与发展。"从这些法规条款的具体内容可以看出，国家对社会力量办学的态度是积极的，一直在鼓励社会力量办学，并将社会力量办学纳入国家教育事业，但不可否认这些法规并没有对如何支持社会力量办学和规范社会力量办学做出明确规定，在某种程度上还不能直接解决民办教育或社会力量办学中的具体问题。

相比较而言，此时期出台的以规定、决定、通知、意见、指示等命名的有关教育政策和规章，对民办教育或社会力量办学的规定更为明确和具体，更具有规范和指导意义。如1987年原国家教育委员会发布的《暂行规定》对社会力量办学单位的申请、批准、变更、停办以及招生、教师聘任、经费筹措与管理等提出了明确要求，是我国最早对社会力量办学做出具体规定的教育条例。1991年国务院发布的《关于大力发展职业教育的决定》提出："我国职业技术教育必须采取大家来办的方针，要在政府的统筹下，发展行业、企业事业单位办学和各方面联合办学，鼓励民主党派、社会团体和个人办学。"1993年中共中央和国务院颁布的《中国教育改革与发展纲要》（以下简称《纲要》），是20世纪90年代至21世纪初中国教育改革和发展的蓝图，是建设有中国特色社会主义教育体系的纲领性文件。《纲要》提出："改变政府包揽办学的格局，逐步建立以政府办学为主体，社会各界共同办学的体制。国家对社会团体和公民个人依法办学采取积极鼓励、大力支持、正确引导、加强管理的方针。"1993年原国家教育委员会发布了《民办高等学校设置暂行规定》，该《规定》分总则、设置标准、设置申请、评议审批、管理、变更与调整以及其他等八章，明确指出："民办高等学校是我国高等教育事业的组成部分"。1994年国务院发布的《关于〈中国教育改革和发展纲要〉的实施意见》提出："加快办学体制改革，进一步改变政府包揽办学的状况，形成政府办学为主与社会各界参与办学相结合的新体制。职业教育和成人教育应面向社会需要，在政府统筹管理下，主要依靠行业、企事业单位、社会团体和公民个人举办，鼓励社会各方面联合举办。政府通过专项补助和长期贷款等形式给予必要的扶持。职业学校要走产教结合的路子，更多地利用贷款发展校办产业，增强学校自身发展的能力。要建立和完善现代企业教育制度。通过立法，明确企业举办职业教育以及对在职职工进行岗位培训和继续教育的责任。普通高等学校实行以政府办学为主，积极发展多种形式的联合办学。某些科类的高等学校可以试行以学生缴费和社会集资为主，国家财政补助为辅的办学模式。社会各界办学应以职业学校为主。国家欢迎港、澳、台同胞，海外侨胞和外国友好机构和人士按照我国法律和教育法规，来华捐资办学或合作办学。"

（二）以法规为主体的民办高等教育规范

自1997年起，我国民办高等教育进入规范发展阶段，这以1997年7月31日国务院发布的我国第一部全面规范民办教育的行政法规——《社会力量办学条例》为标志。《办学条例》共分总则、教育机构的设立、教育机构的教学和行政管理、教育机构的财产与财务管理、教育机构的变更解散、保障与扶持、法律责任、附则等八章六十条。其适用范围为企业事业组织、社会团体及其他社会组织和公民个人利用国家非财政性教育经费，面向社会举办学校及其他教育机构的活动。社会力量办学应当以举办实施职业教育、成人教育、高级中等教育和学前教育机构为重点。国家鼓励社会力量举办实施义务教育的教育机构作为国家实施义务教育的补充。条例重申了"积极鼓励、大力支持、正确引导、加强管理"的十六字方针，并对发展民办教育的基本原则、行政管理体制、民办教育机构的设立、教学和行政管理、财产与财务管理、机构变更与解散、政府保障与扶持及法律责任等进行了具体的规定。这部法规的颁布，标志着民办教育进入依法治教、依法管理和依法办学的阶段，为今后国家制定民办教育法奠定了基础。但该条例明确规定"国家严格控制社会力量举办高等教育机构"，这在某种程度上对民办高等教育的发展产生了一定的消极影响，也表明 90 年代以来我国民办高等教育在快速发展过程中确实存在诸多令政府不满意的地方。但无论如何，在此之前，我国对民办高等教育的法律规范多散见于《宪法》等法律规范之中，基本上是零星的，其间虽然也算得上有法可依，但仍未进入全面依法办学的阶段。

2002 年第九届全国人民代表大会常务委员会第三十一次会议通过的《民促法》，可以认为是对我国民办教育事业发展的一项最重要的制度安排，它是中国民办教育（自然也包括高等教育）走上规范发展道路的里程碑。《民促法》共分总则、设立、学校的组织与活动、教师与受教育者、学校资产与财务管理、管理与监督、扶持与奖励、变更与终止、法律责任、附则等十章。该法的颁布，标志着我国民办高等教育进入了法制化的轨道。相对于《办学条例》，《民促法》有了很大的突破。1997 年出台的《办学条例》仍有"严格控制社会力量举办高等教育机构"或者说限制民办高等教育发展的规定，而《民促法》的出台不仅肯定了民办高等学校的法律地位，而且鼓励和扶持民办高等教育发展，更为重要的是鼓励举办者将为国家培养合格人才视为崇高的历史使命。

1997 年以来，除了上述两个民办教育法规以外，与民办高等教育相关的政策法规还有《中华人民共和国高等教育法》（1998 年）、《面向 21 世纪教育振兴行动计划》（1998 年）、《关于深化教育改革全面推进素质教育的决定》（1999 年）、《中华人民共和国中外合作办学条例》（2003 年）、《〈中华人民共和国民办教育促进法〉实施条例》（以下简称《实施条例》）（2004年）等。其中《中华人民共和国高等教育法》明确提出："国家鼓励企业事业组织、社会团体及其他社会组织和公民等社会力量依法举办高等学校，参与和支持高等教育事业的改革与发展。"这标志着我国政府对民办高等教育严格控制禁令的解除。《面向21世纪教育振兴行动计划》提出："今后3～5年，基本形成以政府办学为主体、社会各界共同参与、公办学校和民办学校共同发展的办学体制。"《关于深化教育改革全面推进素质教育的决定》提出："进一步解放思想、转变观念，积极鼓励和支持社会力量以多种形式办学，满足人民群众日益增长的教育需求，形成以政府办学为主体、公办学校和民办学校共同发展的格局。凡符合国家有关法律法规的办学形式，均可大胆试验。在发展民办教育方面迈出更大的步伐。鼓励社会力量以各种方式举办高中阶段和高等职业教育。经国家教育行政主管部门批准，可以举办民办普通高等学校……要因地制宜地制定优惠政策（如土地优惠使用、免征配套费等），支持社会力量办学。"这标志着我国民办高等教育的发展空间更大了。《中华人民共和国中外合作办学条例》对民办高校中外合作办学作出了规定。

从这些法律法规的颁布，我们不难看出，经过30多年的努力，我国民办高等教育政策与法规建设取得了较大的进展：一是确立了民办高等教育的法律地位，民办高等教育从被取缔改造经由教育事业的"补充"发展到现在的"组成部分"；二是民办高等教育的法律法规体系基本建立起来，为全面实现民办高校依法办学、政府依法行政奠定了良好的基础；三是关系民办高等教育发展与否的一些重大问题已经纳入专门的政策法规，如回报问题、产权问题等。

## 二、民办高等教育三大政策与法规的地位和意义

1982年以来，我国出台的有关民办教育的政策法规主要有《暂行规定》（1987年）、《办学条例》（1997年）、《民促法》（2002年）。在不同的时期，这三大政策法规对我国民办高等教育的改革与发展均起到了极其重要的指导和规范作用。

1987年颁布的《暂行规定》，是我国改革开放后第一个对社会力量办学做出具体规定的教育条例，自此我国民办教育走上了依法办学的轨道。在此《暂行规

定》颁布之前，我国出台的《关于〈高等教育自学考试试行办法〉的报告》、《宪法》、《关于刊登文化、教育、卫生广告的通知》、《中共中央关于教育体制改革的决定》、《关于不得乱刊登办学招生广告的通知》、《关于改革和发展成人教育的决定》等都对社会力量办学做出了一些鼓励性和纠偏性的规定，但都是不系统和不完备的，仅仅涉及社会力量办学的某个方面，社会力量办学在总体上还处于无序和混乱状态。《暂行规定》正是在这样一种背景下提出的，其目的在于鼓励和支持社会力量办学，加强宏观管理，促进社会力量办学健康发展。《暂行规定》共由二十条构成，对社会力量办学单位的申请、批准、变更、停办以及招生、教师聘任、经费筹措与管理等方面做出了较为明确的规定。该《规定》首次提出，社会力量办学是我国教育事业的组成部分和对国家办学的补充，实现了社会力量办学从"多余"到"组成部分"和"补充"的重大转变，提升和彰显了社会力量办学在教育体系中的地位和作用。

1997年10月1日实施的《办学条例》，是我国第一部全面规范民办教育的行政法规。《办学条例》的颁布标志着我国社会力量办学的法制建设已由原来的部门、地方性规章上升为国务院的行政法规，标志着社会力量办学进入了依法办学、依法管理和依法行政的新阶段，为制定《民促法》奠定了坚实的基础；同时表明我国教育立法领域在不断拓展，教育法律法规体系在逐步走向系统化。《办学条例》的颁布还具有深远的历史意义，是教育法制建设过程中的新突破。第一，《办学条例》不仅涉及教育内部的所有层面和各种关系，而且涉及教育与外部社会的各种关系，立法符合教育发展规律。第二，作为《宪法》、《教育法》两个母法的下位法，《办学条例》构筑了一个重要的法律框架，是完善教育法律法规体系不可缺少的基石。第三，《办学条例》的颁布与当时的教育体制改革进程相匹配，为规范复杂的民办教育办学关系、建立办学新秩序提供了法律保障。第四，《办学条例》以法规的形式，确立了教育行政部门对社会力量办学的管理职能，要求做到统筹规划、综合协调，理清了管理体制，明确了相关部门的职责范围，并有望解决长期以来管理职能模糊、重复带来的种种弊端。第五，《办学条例》明确了国家对社会力量办学进行鼓励、支持的重点，具体规定了办学过程中应具备的条件和遵循的规范，使教育机构的目标一致、规格一致，从而保证教育教学质量。第六，《办学条例》是社会力量办学健康发展的可靠保证，明确规定社会力量办学是我国教育事业的组成部分，并要求各级政府对它加强领导，将其纳入国民经济和社会发展的规划，列入"正册"，还特别强调了国家保障其合法权益，使社会力量办学的运行机制得到了保障。第七，《办学条例》突出了办学单位的自主权，这有利于调动办学单位的积极性，发挥社会力量的巨大潜力，有利于教育机构建立健全内部决策、执行、监督的管理体制和运行机制，从而增加了提高办学水平和办学效益的内在动力。

2002年颁布的《民促法》，是我国第一部民办教育专门立法。该法的颁布标志着我国民办高等教育进入了法制化轨道。与前两大政策与法规相比，该法有三个方面的重大转变。一是明确规定民办学校在扣除办学成本、预留发展基金及其他必需的费用后，出资人可根据法律从办学结余中取得合理回报（关于取得合理回报的具体办法由国务院规定）。二是关于产权的规定有利于调动投资者的积极性。该法在产权认定方面作了明确规定，即投入者享有其投入资产的所有权，但在民办学校存续期间，投入者对其资产的所有权与使用和管理权是相分离的。他不能随意从民办学校的资产中撤回投入；学校在存续期间享有对全部校产的使用权和管理权；举办者的财产应与投入学校的财产相分离，举办者不得将学校财产转让、抵押，不得从事与教育无关的活动；扣除合理回报后增值的民办学校财产归社会所有，在民办学校存续期间归民办学校管理与使用。按照《办学条例》的规定，民办学校举办者的资金投入后，基本上就失去了财产所有权（不得转让、租赁，不得用于校外投资），只有有限的使用权、支配权，不存在财产增值的收益权。三是待遇公正，师生权益有保障。《民促法》确认了民办教育属于公益性事业，民办学校的教师、受教育者与公办学校的教师、受教育者具有同等法律地位。法律规定民办学校存续期间，所有资产由民办学校依法管理和使用，任何组织和个人不得侵占；任何组织和个人不得违反法律、法规向民办教育机构收取任何费用；国家采取措施，支持和鼓励社会组织和个人到少数民族地区、边远贫困地区举办民办学校，发展教育事业。

民办教育三大政策与法规之间具有一定的继承性，彼此之间存在密切联系，后面出台的每个法律法规往往继承前面出台政策或法规的精髓，是对前者的完善与创新（详见表1-1）。但是，三大政策法规的关注点和强调的重点明显不同：《暂行规定》主要强调依法办学，体现了国家对民办学校外部行为的规范和要求；《办学条例》除了强调学校要依法办学外，还强调学校要依法管理，政府要依法行政；《民促法》更是体现了民办学校依法办学、依法管理与依行政的法制化要求。这不仅反映出三个不同阶段出台的政策与法规具有不同的时代背景，也反映出我国民办高等教育政策法规演进的轨迹是一条由外至内或者说由主要关注依法办学到全面关注依法办学、依法管理与依法行政的线路。

表1-1 中国民办高等教育三大专门政策法规比较

| 项目 | 相关规定或内容 | | |
|---|---|---|---|
| | 《关于社会力量办学的若干暂行规定》（1987） | 《社会力量办学条例》（1997年） | 《中华人民共和国民办教育促进法》（2002年） |
| 出台目的 | 根据《宪法》第十九条，为鼓励和支持社会力量办学，加强宏观管理，促进其健康发展。 | 为了鼓励社会力量办学，维护举办者、学校及其他教育机构、教师及其他教育工作者、受教育者的合法权益，促进社会力量办学事业健康发展。 | 为实施科教兴国战略，促进民办教育事业的健康发展，维护民办学校和受教育者的合法权益，根据《宪法》和教育法制定本法。 |
| 法律地位 | 社会力量办学是我国教育事业的组成部分，是对国家办学的补充。 | 社会力量办学事业是社会主义教育事业的组成部分。 | 民办教育事业属于公益性事业，是社会主义教育事业的组成部分。民办学校与公办学校具有同等的法律地位，国家保障民办学校的办学自主权。国家保障民办学校举办者、校长、教职工和受教育者的合法权益。 |
| 政府态度 | 各级人民政府及教育行政部门应鼓励和支持社会力量举办各种教育事业，维护学校正当权益，保护办学积极性，在条件允许的情况下，尽力帮助解决办学中存在的困难，对办学成绩卓著者给予表彰和奖励。 | 国家对社会力量办学实行积极鼓励、大力支持、正确引导、加强管理的方针。各级人民政府应当加强对社会力量办学工作的领导，将社会力量办学事业纳入国民经济和社会发展规划。 | 国家对民办教育实行积极鼓励、大力支持、正确引导、依法管理的方针。各级人民政府应当将民办教育事业纳入国民经济和社会发展规划。 |

| | | | |
|---|---|---|---|
| 办学主体 | 具有法人资格的国家企业事业组织、民主党派、人民团体、集体经济组织、社会团体、学术团体，以及经国家批准的私人办学者。 | 企业事业组织、社会团体及其他社会组织和公民个人利用非国家财政性教育经费，面向社会举办学校及其他教育机构（以下称教育机构）的活动，适用本条例。 | 国家机构以外的社会组织或者个人，利用非国家财政性经费，面向社会大力兴办学校及其他教育机构的活动，适用本法。举办民办学校的社会组织，应当具有法人资格。举办民办学校的个人，应当具有政治权利和完全民事行为能力。民办学校应当具备法人条件。 |
| 合理回报 | 无 | 无 | 民办学校在扣除办学成本、预留发展基金以及按照国家有关规定提取其他必需的费用后，出资人可以从办学结余中取得合理回报。取得合理回报的具体办法由国务院规定。 |
| 产权关系 | 无 | 无 | 第三十五条规定："民办学校对举办者投入民办学校的资产、国家资产、受赠的财产以及办学积累，享有法人财产权。"第三十六条规定："民办学校存续期间，所有资产由民办学校依法管理使用，任何组织和个人不得侵占。"强调了法人财产权和民办学校存续期间，所有资产由民办学校依法管理使用。 |
| 营利与否 | 学校可向学员收取合理金额的学杂费，不得以办学为名非法牟利。 | 社会力量举办教育机构，不得以营利为目的。 | 民办教育事业属于公益性事业。在工商行政管理部门登记注册的经营性民办培训机构的管理办法，由国务院另行规定。 |

资料来源：根据《暂行规定》、《办学条例》和《民促法》整理而成。

## 三、关于民办高等教育政策法规体系建设的评价

民办高等教育的发展与民办高等教育政策法规体系的健全是双向互动的。我国 1982 年以来出台的一系列民办高等教育政策与法规是民办高校发展的指挥棒，它引导和规范了我国民办高等教育的发展。同时，我国民办高等教育实践也不断检验着民办高等教育政策与法规的科学性，为民办高等教育政策与法规的建立、完善与创新提供了第一手材料和丰富的养料。简言之，没有政策法规的引

导与规范,就没有我国今天民办高等教育的发展与壮大;没有 30 余年民办高等教育的实践探索,同样不会有今天专门的民办高等教育相关的政策法规的出台。诚然,不同的政策法规在民办高等教育发展中的地位和作用是不同的,除《宪法》之外,专门的政策法规对民办高等教育整体发展的影响相对较大。比如,1982 年的《宪法》第一次将社会力量办学作为国家教育事业的组成部分所做出的原则性规定,为以后民办教育事业的发展奠定了基本的法律基础(尽管"其他社会力量"还是包含私人办学在内的笼统提法);1987 年的《暂行规定》使我国民办高等教育步入依法办学的轨道;1993 年的《民办高等学校设置暂行规定》明确规定"民办高等学校是我国高等教育事业的组成部分";1997 年的《办学条例》标志着民办教育进入依法办学、依法管理和依法行政的阶段;2002 年的《民促法》标志着民办教育进入法制化阶段。通过对民办高等教育政策法规发展历程的考察,我们还可以得出如下判断:

第一,从颁发时间看,民办高等教育政策与法规的出台相对集中在 1987 年与 1988 年,1993 年至 1996 年两个时间段,而这两个阶段恰恰是我国民办高等教育大发展与大调整的阶段。这反映了民办高等教育政策与法规出台的频次与民办高等教育发展的速度与有序性程度存在一定的相关性,发展速度越快、越无序、问题越多,相关的应急性或应对性政策与措施的出台也就越频繁。

第二,从数量上看,据不完全统计,我国颁布的与民办高等教育相关的政策法规有 40 多个(统计标准不同,此数据可能不一样)。平均一年两个以上与民办高等教育相关政策与法规的出台,说明我国对民办高等教育的发展高度重视。同时民办高等教育政策与法规的频繁出台,也反映出这些政策与法规预见性和前瞻性还不够,主要表征为一种补救性和应急性的政策与措施。

第三,从名称上看,我国民办高等教育政策法规有以通知、意见、批复、暂行规定、决定等形式呈现的问题应对性措施或原则性规定,也有以纲要、规划、计划、法等形式呈现的强制性、规范性规定。这反映了我国民办高等教育政策法规的发展是一个不断探索与调整的过程,是一个逐步从零散的政策与法规逐步走向系统的专门立法的过程。

第四,从颁发部门看,我国民办高等教育政策与法规的颁发部门有负责民办高等教育的主管部门教育部(原国家教育委员会)及其下属单位,有最高的权力机关(全国人民代表大会)和最高的行政机关(国务院),也有与这些部门密切相关的部门如财政部、劳动部、宣传部、公安部、中共中央组织部、共青团中央等部门。一方面民办高等教育主管部门及其相关部门的配合，使民办高等教育的发展能够获得更大范围和更多力量的支持，另一方面也由于政策与法规出自许多部门，难免出现政出多门、多头领导、多头审批、多头管理的情形，甚至造成管理上的无序。

第五，从发展阶段看，我国民办高等教育的发展历经了一个从复苏起步到迅猛发展再到规范发展的过程。这一过程也是一个从无序到有序、从自由混乱到规范成熟的过程。我国民办高等教育从兴起到大规模发展，中央、地方政府的主管部门都不同程度地参与了对民办高等教育的管理。尽管各地区对待民办高等教育的观念与做法不同，对民办高等教育的支持和管理的力度也很不平衡，但不可否认，我国民办高等教育的发展在逐步走向规范，并为长远发展奠定了坚实的基础。

## 四、结语

总体来看，目前我国民办高等教育两级政策法规体系已基本形成，即国家出台了专门的民办教育法规及其实施办法，许多省市根据本地区的实际制定了配套的地方性条例或管理办法。当然，这并不意味着我国现有的民办高等教育政策法规体系就是系统的、健全的。姑且抛开国家制定的民办高等教育政策法规是否科学不说，各地方制定的民办高等教育政策法规与国家制定的民办高等教育政策法规还存在诸多相抵触或矛盾的地方，这在不同程度上影响了民办高等教育的发展。另外，我国各级政府部门和教育主管部门在制定民办高等教育政策法规时，没有很好地把握当前我国民办高等教育的本质特征，以致许多政策法规还是按照捐资办学模式来对以投资办学为基本特征的民办高等教育进行制度安排的。逻辑地看，这样的政策法规势必难以引领民办高等教育走出困境和突出重围，2002年颁布的《民促法》实施以来，我国的民办高等教育并没有像预期的那样得到快速和大跨步发展，就足以说明这一点。因此，《民促法》的修改和完善，应该重视这两大关键性问题：一是民办高等教育国家政策法规体系与地方政策法规体系的一致性问题；二是抓住我国民办高等教育的本质特征，立足于我国民办高等教育的实际。

## 第二节　中国民办高校发展战略的必然选择

2017 年，我国高等教育的毛入学率达到 45.7%，即将进入美国著名教育社会学家马丁·特罗教授所界定的"高等教育普及化阶段"，高校在校生数超过 3700 万人，规模已居世界第一。由此，我国高等教育长期存在的供给紧缺状况大大缓解。在这样的背景下，我国民办高等教育的生存与发展正在面临着严峻的考验，发展的"瓶颈"问题日益凸显。因此，通过考察与我国同属国家主导型高等教育系统的日本、韩国等先行国家之私立高等教育的发展经验与教训，以及学习、借鉴属于市场主导型高等教育系统之美国私立高等教育发展的经验，解决我国民办高等教育发展现实提出的问题，就具有了重要意义。

### 一、补充教育与选择教育的概念界定

补充教育是指现有的教育资源不能满足需求，需要从另外的渠道予以补充；而选择教育是指人们根据自己的需求和能力（包括智力水平、支付能力等）来挑选教育服务的种类。就高等教育市场而言，不同的教育发展方式在不同的教育发展阶段，教育市场中的教育资源状况和教育服务种类的表现形式是不一样的。比如，国家主导型高等教育系统在处于精英教育阶段时，公办高等教育就占据主导地位。在公办高等教育不能满足人们需求时，政府要么投入更多的财政经费办更多的学校，以增加供给能力，要么只能放开市场，让民间力量进入，从而增加供给能力，以满足人们的需求。早发内生型的、属于国家主导型高等教育系统的国家（如德国、法国），在高等教育大众化初期之前，大多采用前者。而后发外生型的、也属于国家主导型高等教育系统的国家（如日本、韩国），从精英教育阶段开始一般还会借助后者，但民间力量只被作为公办教育的补充，这种场合下，民间提供的教育形态就是补充教育。选择教育在国家主导型高等教育系统处于精英教育阶段时是不会出现的，但由精英教育阶段向大众化阶段转变时，或早或迟都会出现对私立高等教育的一种必然要求。补充教育是一个历史的、动态的概念，也是在后发外生型的、属于国家主导型高等教育系统中发展私立高等教育的

一种特殊现象。它表征为公办大学提供的高等教育是精英教育，特别是在精英教育阶段更是如此。而选择教育是市场主导型高等教育系统中的一种普遍现象，昭示着私立高等教育发展的应然状态。它表征为私立大学提供的是精英教育，贯穿于高等教育从精英教育阶段到大众化阶段乃至普及化阶段的全过程。美国营利性大学在20世纪90年代后表现出强劲的发展势头，从一方面展示了选择教育作为私立高等教育发展的另一种形态，从而丰富了选择教育的内涵。[①]

选择教育与补充教育不是一对对应的概念，而与非选择教育却是相对应的概念。非选择教育是国家为了体现教育机会均等，由公立大学举办，通常采取的是提供免费或学费低廉的教育。但是，选择教育是人类永恒的主题。一方面，人要在社会生存和发展，就必须具备一定的生存和发展能力，而这种能力的习得，主要依靠教育来实现。而人作为个体是存在差异性的，不论是智力因素还是非智力因素，都存在着差异，更为重要的是受教育者的家庭背景不同，导致支付能力以及价值观的不同。另一方面，社会的发展和进步，也需要多种多样的人才。所有这些都要求教育的供给应多样化，以便人们能有更多的选择。

## 二、补充教育是民办高校在国家主导型高等教育系统处于精英教育阶段时的一种必然现象

在构建近代高等教育系统时，日本把当时在世界上最成功的德国模式确立为自己的模式，即国家举办大学，其目的是为国家培养有知识、有文化的精英阶层。日本政府不仅对国立大学的建设投入了大量资金（在东京帝国大学创办初期，政府曾将全国教育经费的40%投入于一所大学的建设上），而且更为重要的是为国立大学毕业生提供了进入社会精英阶层的政策保障。与此同时，为了适应产业社会的发展，日本政府鉴于财政经费有限，允许民间力量参与高等教育办学，但从战前来看，不仅对私立高等教育没有任何经费支持，而且对私立高等教育，尤其是私立大学的管理是极其严格的，比如，创办时的保证金制度和按国立大学的办学模式管理私立大学，等等。战后，日本虽然受美国教育机会均等和教

---

① 理查德·鲁克. 高等教育公司：营利性大学的崛起[M]. 北京：北京大学出版社，2006：1-170.

育民主化思想的影响，为发展私立高等教育提供了较为良好的制度环境，但仍将私立高等教育定位成公办高等教育的补充。由于国家对发展私立高等教育的这种态度以及长期的这样定位，使得日本即使在进入大众化乃至普及化阶段，补充教育仍是私立高等教育的主要形态，这已经严重影响了私立高等教育的进一步发展。

我国民办高等教育是伴随着改革开放政策的实施而复苏，并随着改革开放的不断深入而发展壮大的，其发展的制度环境与我国近代私立高等教育有着显著的不同，具有典型的国家主导型高等教育系统的特征。[①]

尽管我国教育体制随着经济、政治体制不断的深化改革也在改革，从"国家包办教育"到"以国家财政投入为主，社会力量共同举办教育"的转变已成定局，但是，民办高等教育仍处于弱势地位，面临的形势依然严峻，突出地表现在：在办学层次上，没能得到与公办高等教育同等的待遇；在政府资助方面，虽然已经出台了《民促法》，但具体的落实措施没有到位；在优惠政策上，政府的力度不够；在办学自主权上，受政府干预还比较多；学校自治和学术自由还没能得到充分保障，等等。[②]在这样的背景下，我国民办高等教育与后发外生型的、同属于国家主导型的其他国家一样，走的是不断扩张规模的发展路径，选择教育尚未被提到议事日程上来。

国家主导型高等教育系统在国内外部环境对其作用力不大（经济发展不快、政治保守等）的情况下，是一个封闭系统，往往表现为按照国家政府的需要进行人才培养，对外部环境的反应迟钝。但是，当外部环境，尤其是来自国际环境的作用力增大（经济大发展、人口高峰、科技革命、全球经济一体化等）时，政府也会因为公办高等教育的供应能力不足而允许民间办学力量介入，谋求其他渠道予以补充。

正如前文所述，虽然我国政府对发展民办高等教育的政策有了较大的转变，但是民办高等教育作为高等教育系统的"补充地位"还是依然不变。这种不变的"补充地位"是后发外生型的、属于国家主导型高等教育系统普遍要经历的过程，

---

① 陈武元. 论私立高等教育发展的制度环境——兼论中国民办高等教育发展的制度环境选择[J]. 教育发展研究，2008（5-6）.

② 陈武元. 论私立高等教育发展的制度环境——兼论中国民办高等教育发展的制度环境选择[J]. 教育发展研究，2008（5-6）.

也是民办高等教育不得不要面对的过程,尤其是在精英教育阶段更是如此。

## 三、从补充教育走向选择教育是民办高校在国家主导型高等教育系统处于高等教育大众化阶段时的一种必然趋势

在市场主导型高等教育系统中,私立高等教育的产生早于公立高等教育,选择教育与私立高等教育同时俱来,公立高等教育的产生更多的是为着体现教育机会均等和教育民主化的,其提供的是非选择教育。美国高等教育大众化乃至普及化的实现主要得益于这种非选择教育的扩大,而私立高等教育则自始至终提供着选择教育。一般来说,提供选择教育的私立大学,并不是走扩张规模的发展路径,即使到了高等教育普及化阶段,其规模一般也都不大,比如,哈佛大学发展了300多年,目前的在校生规模也仅为不到2万人;麻省理工学院发展了140多年,目前的在校生规模也仅是近万人。特别值得一提的是,已有110多年发展历史的美国加州理工学院直到目前仍是一所"袖珍大学",在校生数不足2000人。20世纪90年代迅速崛起的美国营利性私立大学,即使以规模效应为其创下十分可观的利润,也是以其提供的大量的选择教育而获得的。当然,美国营利性私立大学提供的选择教育的模式与传统的私立大学具有显著的不同,由此使我们对选择教育的内涵有了更深刻的认识。① 总之,正是由于美国私立高等教育提供的是选择教育,才使其表现出极强的竞争能力,即一方面体现于适应高等教育市场的能力,另一方面体现于其卓越性。

与此相对应,在国家主导型高等教育系统中,公立高等教育或早于私立高等教育,或与私立高等教育同时产生。在精英教育阶段,由于接受高等教育是"少数人的特权",大学或高等教育机构培养的学生几乎都在政府部门担任公职,居于社会的统治阶层,教育的效应更多地体现为国家政府的收益,因而由国家负担全部或大部分经费是理所当然之事,而且由于人数规模小,政府也能负担得起。在这种情形下,高等教育更多地体现为政府代替公民进行选择,但这并不属于选择教育的范畴。时至今日,当接受高等教育日益成为人们的一种权利时,早发内生型的、属于国家主导型高等教育系统开始发生了变化:一方面,公办高等教育

---

① 理查德·鲁克. 高等教育公司:营利性大学的崛起 [M]. 北京:北京大学出版社,2006:1-170.

开始向学生征收学费;另一方面,私立高等教育也开始被允许存在。但此时介入高等教育市场的私立高等教育与后发外生型的国家不同,它提供的是选择教育。比如,德国私立大学的这种目标定位,使得其虽然在1975年就被赋予合法地位(1975年颁布的《高校总法》确立了在全联邦德国境内举办私立高校的合法性),但在发展了40多年后,规模还是很小。截至2007年8月24日的统计,德国私立高校仅有68所,占总数的近1/5(全德高校总数343所)。[①]2015年在私立高校注册的一年级新生仅由2005年的1.4万人增至4.2万人。[②]

而在后发外生型的、属于国家主导型高等教育系统中,其情形则有很大的不同。在精英教育阶段,私立高等教育只是对公办高等教育资源不足的补充。但是随着高等教育规模的扩大,公办高等教育系统也在发生着变化,突出地表现在原有的"自动进入社会精英阶层"的特权日渐得不到保障,而且学费从无到有,并且逐渐在提高,以至在公办高等教育系统也开始出现了"学生消费主义"的现象。但是,在国家主导型高等教育系统中,公办高等教育资源即使在大众化阶段乃至普及化阶段,也仍然是一种稀缺资源,无法提供选择教育。在这种情形下,一些家境富裕的学生开始将目光转向能提供高水平的、选择教育的私立大学上。比如,早稻田大学、庆应义塾大学等一批日本著名的私立大学,由于办学富有特色和个性,办学质量高,社会声望高,一直是莘莘学子的重要选择。延世大学、汉阳大学、中央大学等一批韩国著名的私立大学也是如此。但是正如下面将会看到的那样,即使是这些办学质量和社会声望都很高的私立大学,其在校生规模一般来说都比较大,比如,早稻田大学学生规模5万多人、庆应义塾大学4万多人、延世大学4万多人、汉阳大学3万多人、中央大学3万多人。由此可见,扩张规模仍是其发展路径的重要选择,这也是在后发外生型的、属于国家主导型高等教育系统中发展私立高等教育的局限性。

从补充教育走向选择教育是私立高校在国家主导型高等教育系统处于大众化阶段时的一种必然趋势。但是,即使同属于国家主导型高等教育系统的国家,由于发展历史不同,也会表现出不同的发展路径。作为后发外生型的日本在进入大众化阶段,在公办高等教育规模没有大幅度提高,适龄青年人口还在持续增

---

[①] 张帆. 德国私立高校的发展和变化——以不来梅雅各布斯大学为例[J]. 国家教育行政学院学报, 2007(11).

[②] 修春民. 德国私立高校竞争激烈[J]. 世界教育信息, 2017(19).

长的情况下，由于高等教育仍处于卖方市场，充当补充教育角色的私立高校仍可以继续生存下来。但是上述的这两个条件只要其中有一条发生变化，私立高校就会面临危机，日本在1992年人口高峰过后出现的不少私立高校的倒闭现象已经给出了证明。① 正是因为这些学校提供的是补充教育，没有特色或个性，在生源萎缩，资金链条断裂的情况下，就不得不关闭；而那些办学有特色或提供的是选择教育的私立高校，尽管在高等教育处于买方市场的情况下，经营会面临一些困难，但还不至于破产、倒闭。作为早发内生型的德国，其私立大学能够在高等教育大众化阶段迅速介入高等教育市场并立住脚跟，就是因为它提供的是选择教育。

作为市场主导型高等教育系统典型代表的美国，无论是传统的私立大学，还是现在日益表现出强劲发展势头的营利性私立大学，都是提供适应市场需要的选择教育，而那些不能提供选择教育的私立大学则遭到市场的无情淘汰，在美国每年被淘汰的私立大学无不体现这样的特征。

### 四、我国民办高校发展战略的选择：从补充教育向选择教育转变

从补充教育走向选择教育是私立高校在国家主导型高等教育系统处于高等教育大众化阶段时的一种必然趋势。

就我国民办高等教育发展来看，在精英教育阶段，由于我国人口基数大，高等教育市场的需求十分旺盛，单靠公办高校是无法满足这样旺盛的市场需求的，因此民办高校以粗放式的教育生产方式提供的补充教育就有一定的市场。但是，随着我国公办高等教育规模的不断扩张，特别是高等教育进入大众化阶段后，由于大学毕业生的就业市场并未随着高等教育规模的扩张而扩大，就业形势日趋严峻，民办高校提供的补充教育已经走入困境。

实现从补充教育向选择教育的转变，需要一个前提条件和两个调整。

一个前提条件是指高等教育市场必须具备能够在相当程度上满足教育消费者的需求。高等教育系统处于精英教育阶段时，由于高等教育的稀缺性，使其处于卖方市场，作为教育消费者的学生无法进行教育的选择。但是，当高等教育系统处于大众化阶段时，由于高等教育的供给相对比较充裕，作为教育消费者的学

---

① 卢彩晨.日本私立大学倒闭的状况及其启示[J].民办高等教育研究,2006(4).

生就有了选择余地。目前我国高等教育基本具备了这样的条件。

两个调整是指国家对发展民办高等教育态度的调整和民办高校自身发展战略的调整。

国家对发展民办高等教育态度的调整至少包含以下三个方面的内容。

首先，对教育属性要有一个正确的认识。无论是公办高校还是民办高校，都必须遵守国家宪法的有关规定，也必须按照政府制定的教育方针（或政策）进行培养人的教育活动。各类高校只是办学者主体的不同，其所提供的高等教育都具有准公共产品性质。既然高等教育具有准公共产品性质，而且高等教育又是如此重要，政府除了必须加大投入外，还应该制定政策，积极鼓励民间力量参与高等教育。

其次，高等教育之于个人和社会发展的重要作用与国家提供教育资源的有限性之间的矛盾，要求政府对公平与效率要有一个新的认识。在社会主义市场经济体制下，我国民办高等教育采取"谁受益谁负担"的原则，运用产业化运作方式，不仅缓解了人民日益增长的高等教育需求的压力，而且筹集了大量社会资金，补充教育投入，使政府能够腾出更多的精力发展公办高等教育事业，从而在整体上扩大高等教育的公平性。实际上，在高等教育系统内部增加社会力量办学的存在，还有一个更为深远的意义，即加强系统内部的竞争，从而提高效率和效益。因为如果只是单一公办教育的存在，必然会导致缺乏竞争而效率低下和资源浪费，最终还会出现教育质量的下降。

最后，政府对现行的民办教育法律法规政策要重新架构，为民办高等教育的健康、持续发展营造更加良好的制度环境。政府教育法律法规政策的调整主要应在办学层次、办学自主权、优惠政策等方面体现公办、民办高等教育的平等地位，尤其在落实对民办高等教育的政府资助政策上要有刚性的措施。如果国家把民办高等教育仅仅局限在作为公办高等教育的补充，不仅会妨碍民办高校的成长壮大，而且从长远来看，也将不利于国家高等教育事业发展。营造民办高校提供选择教育的制度环境，实际上就是让其成为办学的主体，通过自我选择，求得其能量的充分发挥，从而踏上卓越发展的通道。

民办高校自身发展战略的调整，至少要解决好两个层面的问题。

首先，要解决好民办高校的定位问题。我国民办高校在精英教育阶段作为高等教育的补充是一种特殊现象，也是不得不经历的过程。但是，高等教育进入大众化阶段后，高等教育市场开始发生了变化，高等教育尤其是民办高等教育从卖方市场向买方市场的转变已经显露出来，若此时民办高校办学者还是沿袭精英教育阶段的发展模式，以扩张规模来保证资金来源，以粗放式的教育生产方式提供补充教育的话，那么，日、韩等国私立高校的昨天遭遇就是我国民办高校明天的必然结果。因此，我国民办高校尤其是已经"升本"的民办普通高校应该有居安思危的思想，要抓住高等教育进入大众化阶段这一难得机遇，从长远的发展出发，自觉主动地对自身发展战略做出调整，有时宁可牺牲眼下发展规模的利益，也要把质量水平、办学特色搞上去。

其次，要解决好民办高校创品牌、实施品牌战略的问题。从本质上说，民办高校品牌体现着学校的信誉和形象，是学校占领教育市场的法宝，也是学校发展的潜力所在。民办高校实施品牌战略就是要面向市场、面向社会、面向未来，确定自己的整体优势或特色，通过培养优秀人才、培育特色学科等途径不断开拓教育市场，形成自我约束机制，摆正社会效益和经济效益的关系，使学校及其特色得到社会普遍的认同。在高等教育已经从卖方市场向买方市场转变，"学生择校上大学，用人单位择校用学生"的背景下，民办高校只有拥有品牌，才能以自己的品牌吸引资金、师资及优秀生源。

从补充教育向选择教育的转变，是我国民办高校发展中的战略性问题。从补充教育走向选择教育是属于国家主导型高等教育系统的国家已经或正在面对的现实，也是我国民办高校不得不要面对的现实。我国民办高校应遵循教育发展规律，及早做出从补充教育走向选择教育的战略调整，以实现长远的健康、可持续发展。

# 第三节　中国民办高校如何走出办学水平不高的困境

我国民办高校在极其困难的条件下艰难地走过了 30 余年，尽管目前无论从学校数或是在校生数都远不及公办高校，教育质量和水平总体而言不高，但是其 30 余年的办学成就还是得到了政府的充分肯定。《国家中长期教育改革和发展规划纲要（2010—2020 年）》（以下简称《教育规划纲要》）明确提出："民办教育是教育事业发展的重要增长点和促进教育改革的重要力量。"在这样的背景下，我国民办高校如何进一步发挥自身体制机制的灵活性，促进办学水平更上一层楼，是值得深入思考的问题。而民办高校通过与企业联姻或以企业为后盾来改变依赖学费收入局面，或许是我国民办高校走出办学水平不高困境的一剂良方。

## 一、资金充足与学术自由：高水平大学的基本特征

查阅历年公布的世界大学排行榜50强或100强的一流大学，我们会发现一个显著的现象，那就是私立大学占有绝对高的比例，尤其在20强的世界一流大学中，鲜有公办大学。我们以美国6所世界一流大学2009年的基本情况为例，仔细考察这些私立大学，可以发现有两个基本特征（详见表1-2）。

表1-2　2009年美国6所世界一流大学的在校生数、学费收入及学费收入占总收入的比例

| 大学名称 | 在校生数（人） | 学费收入（百万美元） | 总收入（百万美元） | 学费收入占总收入的比例（%） |
|---|---|---|---|---|
| 哈佛大学 | 21006 | 688.96 | 3827.56 | 18 |
| 耶鲁大学 | 11593 | 230.38 | 2559.78 | 9 |
| 加州理工学院 | 2130 | 29.16 | 2252.42 | 1.3 |
| 麻省理工学院 | 10384 | 216.81 | 2644 | 8.2 |
| 斯坦福大学 | 19535 | 109.99 | 647 | 17 |
| 芝加哥大学 | 15626 | 317.68 | 2918.26 | 10.9 |

资料来源：根据上述各大学网站公布的资料编制而成。

首先，这些大学都有巨额的财政收入，资金充足。充足的资金，使得这些私立大学不必"为斗米折腰"。从近几十年的发展情况看，这些私立大学的在校生规模大都不超过2万人。其次，在这些大学中，教师和学生都享有充分的学术自由，各种制度对学术自由提供了保障。比如：教师有授课的自由和探索学术的自由，学生有选课的自由，等等。而公办大学少有能够进入世界一流大学行列，大多不是因为资金的问题，而是学术自由常常受到侵袭。日本有5所国立大学能够进入世界一流大学行列，正是因为政府从这些大学建立之日起，不仅不断投入重金，而且通过法令，保障这些大学享有学术自由的结果。由此，我们可以得出一个结论：充足的资金与充分的自由是大学走向高水平乃至世界一流的基本条件。换句话说，有资金无自由，或有自由无资金，都不可能建成高水平大学，更遑论世

界一流大学。当然，大学能否成为高水平大学乃至世界一流大学，还需要其自身的不懈努力。

反观我国民办高校，情况却极为复杂。在经济体制由计划经济向社会主义市场经济转型的过程中，在公办高校供给无法满足经济社会发展和日益增长的人们接受高等教育需求的背景下孕育而生的我国民办高校，在精英教育阶段，因市场的巨大需求而相对不愁学生规模扩张问题，但由于诞生时的先天不足（多数为无资金、无校舍、无教师队伍的"三无"办学条件），使得原始积累的任务繁重，更为严重的是，我国民办高校多为投资办学，①办学的理念与传统的捐赠办学的理念相去甚远，使得这样的民办高校无法在资金筹集上有长远的考虑，在学术自由方面更是所思甚少。也就是说，我国民办高校是在缺资金、"无"理念的情况下办学的。到了大众化阶段，我国民办高校原有的粗放式的办学形式日益显露出弊端。现在，多数民办高校已经面临生源危机，由生源危机很快就传导到财政危机，财政危机必然导致生存危机。目前，我国民办高校既有资金危机，又有理念危机，在生存和发展上均出现问题，创建高水平大学乃至世界一流大学任重而道远。

## 二、资金：民办高校发展过程中一道难以逾越的屏障

民办高校的举办者无论是自然人还是法人组织，当他在举办学校之初，往往只是一次性地投入建校的第一笔资金，以后极少有持续的追加投入，发展的资金只能依靠学校自身去筹措。

高校经费来源结构大致由政府拨款、学费收入、科研经费收入、社会捐赠收入、社会服务收入等构成。就私立高校而言，不同国家由于制度安排不同，高校经费来源结构也不同。有的国家私立高校能够常态化地得到政府拨款，如美国、日本等；有的国家私立高校无法或极少得到政府拨款，如中国等；有的国家私立高校能够获得大量的社会捐赠，如美国；有的国家私立高校无法或极少获得社会捐赠，如中国、日本等。但是，无论哪个国家的私立高校都会有学费收入，不过，学费收入在不同国家私立高校的经费来源结构中却有着不同的表现，有的很高，占总收入的90%以上；有的很低，不到总收入的20%。

筹措经费始终是民办高校的首要大事。从历史和国际比较的视角来看，大

---

① 邬大光．投资办学：我国民办高等教育的本质特征[N]．科学时报，2006-5-9．

多数民办高校都是主要依靠学费来维持的。围绕经费筹措，民办高校总是将其重要指向瞄准学生，于是围绕经费筹措实际上就等于必须确保一定规模的学生数。在市场主导型国家的高等教育系统里，由于民办高校早于公办高校，在精英教育阶段，生源自然不成问题；在大众化阶段，由于民办高校坚持的是选择教育，而公办高校提供的是非选择教育，使民办高校因其品牌而能够以其优势获得自己相应的份额，从而保障自己源源不断的资金供给。①

但在国家主导型的高等教育系统里，公办高校早于民办高校，民办高校的产生是在公办高校无法满足经济社会发展对人才的需求以及人们日益增长的高等教育需求的背景下，政府不得不为民办高校开个口子，但同时政府却严格将民办高校的发展限定在较低的层次（专科层次）或特定教育种类（职业教育）上，在精英教育阶段更是如此。②

在进入高等教育大众化之后，情况会有所变化，但此时民办高校由于在政府限定的范围内运行得太久，不仅在品牌上远远不及公办高校，而且在资金上更是不及公办高校，这样，使得民办高校始终摆脱不了"饥饿的状态"。扩张规模仍是民办高校的最大动力。由于资金短缺，民办高校难以摆脱资金短缺—扩张规模—生源质量下降—教育质量差—招生困难—资金更加短缺的恶性循环的局面。资金似乎成为民办高校发展过程中一道难以逾越的屏障。

依赖学费收入并非民办高校的宿命。在世界一流大学的经费来源结构中，学费收入占其总收入的比重无一例外地都比较低，这是一流大学的特征，也是值得民办高校办学者深思的重大问题。

## 三、改变依赖学费收入局面：我国民办高校走出办学水平不高困境的良方

经费是维系学校生存的基础，但同样的经费总量而结构不同往往是办学水

---

① 陈武元. 从补充教育走向选择教育：我国民办高校发展的必然选择[J]. 教育研究, 2008(5): 18.
② 陈武元. 从补充教育走向选择教育：我国民办高校发展的必然选择[J]. 教育研究, 2008(5): 18.

平差距的重要决定因素。哈佛大学2009年年底捐赠基金规模已达到350亿美金，耶鲁大学同年度捐赠基金规模也约达225亿美金，其他一流大学的捐赠基金都有一定的规模（日本国立大学除外）。① 这些一流大学的学费收入占其总收入的比例都比较低，一般在百分之十几，有的甚至是个位数。换句话说，世界一流大学通常是不依赖于学费收入的。改变依赖学费收入局面，从表面上看，改变的是经费来源结构，但深层次的是办学理念的不同。

我国民办高校办学水平不高，固然有很多原因，比如外部制度环境不佳（办学层次的限制，没有或极少有政府资助，资本市场的融投资渠道不畅等），办学历史短，社会捐赠文化缺失，等等。但随着我国外部制度环境的逐步改善，从国际比较的视角看，尽快改变目前过分依赖学费收入的局面，有助于我国民办高校走出办学水平不高的困境。

依赖学费收入往往有两条路径：一是提高学费标准，二是扩张学生规模。学费标准的提高往往由于受制于其他大学的竞争，或国家政策的控制，是不容易做到的；而规模扩张至超出自身办学条件的限度，往往会伴随着生源质量的下滑，无异于"饮鸩止渴"。日本政府在20世纪60年代及至70年代，为了控制私立高校盲目扩张规模，颁布了以控制招生规模为目标指向的《私学振兴助成法》，规定只有私立高校在政府允许的招生规模范围内才能获得政府资助，正是出于对生源质量下滑的担忧。

要改变过分依赖学费收入的局面，从目前我国的国情出发，寻找与有实力的企业联姻或以企业为后盾，可能是比较现实的选择。发展较好的民办高校的案例给我们提供了重要的启示。

如齐齐哈尔工程学院，其前身是齐齐哈尔第一机床厂重型机床制造学院，有着齐齐哈尔第一机床厂（亚洲规模最大的机床制造厂）作为后盾。后经与企业剥离，实行股份制改革，近几年有长足发展。2010年，该校拥有专任教师360多人，在校生数近万人（含中职）。在改制后17年的办学过程中，已培养了5万多名毕业生，毕业生就业率一直保持在90%以上。毕业生遍布全国各地，有的成为政府的领导，有的成为企业的领导，有的成为市场经济的管理者……办学体制机制创新，适应社会需求的人才培养模式，办学硬件充实，使得齐齐哈尔工程学院成为深

---

① 大学捐赠基金的驱动力 [EB/OL]. [2010-04-16]. http://www.chinavalue.net/Media/Article.aspx?ArticleID=56668&PageID=3.

受全国各地莘莘学子青睐的民办大学。齐齐哈尔工程学院因企业而生,后虽与企业剥离,但与企业合作的传统始终被传承下来,并以其特有的文化渗透到校园建筑、专业设置、人才培养等各个方面,成为特色。即使在不愁生源的情况下,该校为了保证教育质量,也能够自觉地控制学生规模。"办一所不靠学生学费能够活下来的大学"是其与众不同的办学理念,这也正是办好大学应有的气质。

泉州信息技术职业学院也是有着企业背景的民办大学。这所由企业家郭小平先生独资投入数亿元创建的泉州信息技术职业学院,从2004年办学之日起就坚持"以服务为宗旨,以就业为导向,以质量求发展,以特色创一流"的办学理念,并努力践行"知行合一"的校训。该校以工科为主、工贸结合,突出电子信息、机械制造等领域的特色,截至2010年,已先后投入4026万元资金,按照"先进性、共享性、产学结合、可持续发展"的要求,高标准建设21个校内实训基地和实训室。此外,还与全球工业技术领先企业德国博世力士乐公司共同出资800多万元(不含公司捐赠),购买了先进的气动、液压系统成套设备,建立了该公司面向华南地区的培训中心;与西门子(中国)有限公司达成校企合作协议,投资1000多万元,建成福建省首屈一指的西门子数控培训基地。2010年,该校已有在校生5000多人,专任教师233人,其中具有"双师"素质的教师155人,而且学校还在千方百计引进高层次人才。实际上,该校的学费标准与公办高校大体相当,甚至还略低一些,办学经费的缺口通常是用创办者企业的部分利润来填补的。以该校现有的硬件条件,适当地扩张学生规模是不成问题的,但创办者更看重办学质量。正是由于有正确的办学理念,准确的人才市场定位,以及不追求学生规模扩张,该校在短短5年的办学期间,就以优异成绩顺利通过教育部人才培养工作评估,已毕业的三届毕业生的就业率都在93%以上,为今后向高水平大学发展奠定了基础。

目前,我国民办高校中办出特色和水平的学校,大多具有上述这两个案例的特征。此外,我国还有部分民办高校正在积极探索与大企业的联姻。例如,某民办大学正在与国内某世界500强企业洽谈合作办学,具体设想是该民办大学委托具有资质的第三方对其资产进行评估,该企业将为该民办大学注入数十亿资金,双方根据各自资产的份额分享相应的收益,但企业只拥有校董会的部分决策权,并不具体参与学校的运作。假如这一合作模式能够顺利实施,将为我国民办高校办学模式的转换带来一股新风。

民办大学与企业的联姻,彰显的是双方的智慧。民办大学的智慧体现在,充分利用企业巨额资金的投入,可以避免因资金短缺而盲目扩张规模,从而可以在宽松的环境下努力打造高品质的教育。而企业的智慧则体现在充分利用民办大学已有的办学资源,避免办新校需要诸多手续的烦恼。更为重要的是,可以利用民办大学现有的教师和管理队伍,从而在时间上赢得先机,在组建教师和管理队伍上节省精力,只需在发展战略上把握好发展规划的制定即可。同时,未来我国经济发展方式的转变,尤其是从"制造大国"向"制造强国"的转变,急需一大批受过良好职业教育的中高级专门技术人才,企业的介入,既可以为企业发展及早储备人才,又由于庞大的市场需求,使得企业可以有丰厚的"利益"回报。

企业的巨额资金结合民办大学的教育资源以及民办大学背靠企业获得的更为充分的办学自由度,可以为民办大学办出水平提供可能。如果不具备这样的条件,要想办成高水平大学乃至世界一流大学,只能是美丽的"幻想"。从历史和国际比较的视角看,日本为什么有不少著名的私立大学不能成为世界一流大学,其最大的原因就是过分依赖学费收入的问题(见表1-3)。

表1-3 2009年日本6所著名大学的在校生数、学费收入及学费收入占总收入的比例

| 大学名称 | 在校生数（人） | 学费收入（亿日元） | 总收入（亿日元） | 学费收入占总收入的比例（%） |
|---|---|---|---|---|
| 庆应义塾大学 | 33827 | 473.63 | 1975.40 | 23.98 |
| 早稻田大学 | 61435 | 631.32 | 1322.08 | 47.75 |
| 同志社大学 | 28429 | 291.91 | 429.64 | 67.94 |
| 中央大学 | 50700 | 321.21 | 578.46 | 55.53 |
| 明治大学 | 32715 | 373.66 | 758.2 | 49.28 |
| 日本大学 | 74884 | 1037.69 | 2501.32 | 41.49 |

资料来源:根据上述各大学网站公布的资料编制而成。

当我们对美、日两国私立大学作比较的时候,我们可以发现,与拥有庞大基金的美国一流私立大学相比,日本著名私立大学的大学基金则显得捉襟见肘。这样,扩张规模就成为这些大学不得不选择的问题,从早稻田大学等著名大学的在校生规模或积极寻求学生规模扩张的事实,我们认为,日本著名私立大学不能

成为世界一流大学的理由已经十分明显。

《教育规划纲要》中提出的"对具备学士、硕士和博士学位授予单位条件的民办学校，按规定程序予以审批"，这一制度安排将给民办高校提供强大的制度动力。同时，还提出了"开展对营利性和非营利性民办学校分类管理试点"的构想，这将有助于备受关注的学校产权问题的最终解决。如果这些新构想能够落实在立法层面上，加上随着政府财政收入的增加而对非营利性民办高校实施财政资助，以及随着税制改革而积极培育捐赠文化的话，就将能够在很大程度上解决制约民办高校发展的外部制度环境问题。中外大学经验告诉我们，过分依赖学费收入是不可能办出高水平大学的，更遑论世界一流大学。新时期的民办高校通过与企业的联姻或以企业为后盾来改变依赖学费收入的局面，可能是民办高校办出高水平的"中国模式"。

# 第二章　地方民办教育管理先行先试

《民促法》及《实施条例》的出台对于促进我国民办教育的发展具有重大意义。但是，由于我国地域辽阔，各地经济和社会以及民办教育的发展差异很大，单靠国家层面的法律无法解决全国不同地区民办教育发展所面临的各自问题。因此，地方民办教育管理条例必须重视上位法尚未解决的民办教育的合理回报、退出机制等核心问题，以及对本地区发展需要的适用性，切实制定出适合本地区民办教育发展实际的具体实施办法，使国家法律和地方法规紧密结合起来，形成一个完善的法律法规体系，为繁荣和发展我国民办教育事业营造一个良好的制度环境。

制定地方民办教育管理条例必须遵循"不抵触、有特色、可操作"三个原则，必须全面把握本地区教育的现状与问题以及其他相关影响因素，在此基础上，要着力解决《民促法》和《实施条例》尚未很好解决的两个核心问题——合理回报比例和退出机制，只有这样，才能发挥地方民办教育管理条例的应有作用。根据上述原则、相关影响因素分析以及广泛开展的调研，我们就起草S市民办教育管理条例时关于合理回报比例的确定和退出机制等问题所进行的若干思考做了较为详细的阐述，力图实现理论探索和实践创新的良性互动。

## 第一节　关于制定地方民办教育管理条例的思考

《民促法》和《实施条例》分别于2002年12月和2004年3月颁布，它们的出台对于促进我国民办教育的发展具有重大意义。但是我国地域辽阔，各地经济、社会以及民办教育的发展差异很大，单靠国家层面的法律法规显然无法解决全国不同地区民办教育发展所面临的各种问题。《民促法》和《实施条例》出台之后,并没有出现民办教育大发展的态势,与之相反,民办教育似乎进入了相对稳定的发展阶段,并出现了一些新问题。这就需要地方政府根据实际制定适合本地区民办教育发展的具体实施办法,并对地方民办教育管理条例的制定提出了更高的要求。然而,从目前我国一些省市相继出台或正在制定的地方条例来看,有一个共同的趋势是,没有很好地利用《民促法》和《实施条例》预留的空间,对本地区民办教育发展的适用性不强,尤其是在解决合理回报与退出机制等重大问题上还没有突破。因此,本章节拟探讨以下三个重要问题,即民办教育的合理回报问题、民办学校的退出机制问题以及对本地区民办教育发展的适用性问题。

## 一、民办教育的合理回报问题

制定地方民办教育管理条例必须重视上位法尚未解决的核心问题。众所周知,民办教育的性质与地位、民办教育的合理回报以及民办学校的退出机制问题,是影响民办教育健康持续发展的三个核心问题。第一个问题,即民办教育的性质与地位问题,目前已经形成共识,也就是《民促法》明确规定的"民办教育事业属于公益性事业,是社会主义教育事业的组成部分",这在法律上确立了民办教育的性质以及民办教育在我国国民教育体系中的重要地位。[①] 但是,第二个问题和第三个问题,即关于民办教育的合理回报和民办学校的退出机制问题,特别是前者,一直是《民促法》起草、审议过程中最具争议性的问题,即使在该法及其实施条例颁布后也仍是各界关注和议论的焦点。《民促法》出台前,争论的焦点是合理回报是否与《教育法》规定的"不得以营利为目的"的原则相悖,是否会妨碍民办教育公益性的履行;[②]《民促法》出台后,各界关注的是《实施条例》如何确定合理回报比例的问题。《实施条例》考虑到我国地区差异较大,不宜做统一规定,仅对"合理回报"做出了原则性的规定。换句话说,"合理回报"这个问题在国家法律层面上已经不成问题,只剩下操作层面的问题。

那么,地方民办教育管理条例应该怎么来解决这个问题呢?从操作层面而言,要解决这个问题,首先必须对民办学校进行分类,对要求合理回报的民办学

---

[①] 范国睿. 民办教育发展的保障与促进: 解读《中华人民共和国民办教育促进法》[J]. 教育发展研究, 2003(7):1.

[②] 陶西平. 正确把握《民办教育促进法》的核心内容 [J]. 黄河科技大学学报, 2003(4):13.

校，规定其执行《企业会计制度》，这是确定合理回报比例的基础；其次，必须建立产权明晰的资产管理制度，这也是建立现代大学制度的一个范畴。对投入民办学校办学前的各种资产，要由评估机构以货币形式计算出公允价值，并分别登记建账，这是确定合理回报比例的关键；再次，民办学校财务会计报告必须接受有关部门的审计，并建立财务公开制度；最后，明确办学盈余中应提取的法定公积金、法定公益金以及事业发展后备基金的具体比例。只有在解决了上述这些基础性和关键性的问题后，确定合理回报的具体比例才能落到实处。从管理的角度而言，必须采取以下措施。

第一，财务管理。《民促法》和《实施条例》的第三十四条的规定分别是"民办学校应当依法建立财务、会计制度和资产管理制度，并按照国家有关规定设置会计账簿"和"民办学校应当依照《中华人民共和国会计法》和国家统一的会计制度进行会计核算，编制财务会计报告"，没有对要求合理回报和不要求回报的民办学校进行明确的分类。这可能是受捐资办学的传统思维的影响。改革开放以来，我国民办教育的基本特征是投资办学，而捐资办学和投资办学在本质上是有很大区别的。捐资办学仅考虑国家和社会的利益，不考虑自己的经济利益，不要求返回本金和经济回报；而投资办学（纯粹的投资办学等于营利性学校不在本章节讨论之内）既考虑国家和社会利益，也考虑到自身的一定利益，要求回收本金和得到一定的经济回报。[①] 要求合理回报等于投资办学，在本质上与企业有很大的相似之处，即讲求经济利益。这与事业单位在本质上讲求社会利益有性质上的区别。因此，对要求合理回报的民办学校应当规定其执行《企业会计制度》。

第二，资产管理。《民促法》第三十五条和三十六条关于民办学校资产管理的规定分别是"民办学校对举办者投入民办学校的资产、国有资产、受赠的财产以及办学积累，享有法人财产权"和"民办学校存续期间，所有资产由民办学校依法管理和使用，任何组织和个人不得侵占。任何组织和个人都不得违反法律、法规向民办教育机构收取任何费用"。这样的规定，正如有学者指出的那样，留下了"学校法人财产权"不明晰的悬念。比如，学校法人财产权虽没有否定举办者所投入的资产具有最终的财产所有权，但在民办学校存续期间，举办者所投入的资产有无财产所有权？能否转让与继承？如无明确的界定与明晰的规定，势

---

① 汪家镠. 关于民办教育促进法中的几个问题 [J]. 教育与职业, 2003(9): 23.

必影响投资者的积极性。① 众所周知,产权问题直接与出资办学诸多方面的权益相关联,产权不明晰的最大弊端是不利于资产的积累。② 因此,在制定地方民办教育管理条例时,既要考虑保护举办者的合法权益,又要防止由于产权不明而造成的资产流失,可以《宪法》规定的"国家保护公民合法的财产所有权"为法律依据,明确规定"民办学校必须建立产权明晰的资产管理制度,对其管辖中的国有资产、举办者投入到民办学校的资产、接受社会捐赠的资产和民办学校办学积累的资产,应当分别登记建账,不得混淆各类资产性质"。同时考虑到民办学校资产的多样性,③ 对要求合理回报的民办学校还要明确界定"国有资产"的内涵,即政府无偿提供的土地、校舍、教学设施设备等,政府以优惠政策出售的土地、校舍等的优惠部分,政府贴息贷款的贴息部分,国有资产的增值部分都应当计入国有资产。国有资产在提供给民办学校之前,必须经过评估机构以货币形式计算出公允价值,作为国有资产部分。民办学校对国有资产负有保值、增值的责任。

第三,财务会计报告及审计。《民促法》第三十八条关于财务会计报告及审计的规定是:"民办学校资产的使用和财务管理受审批机关和其他有关部门的监督。民办学校应当在每个会计年度结束时制作财务会计报告,委托会计师事务所依法进行审计,并公布审计结果。"财务会计报告与审计是主管部门对民办学校财务实施监控的有效办法,作为国家层面的法律仅提出原则性要求是可以理解的,但是作为地方民办教育管理条例还应规定财务会计报告必须包括的具体内容,如资产负债表、收支表、现金流量表、收支盈余分配表、债权债务明细表、财务情况说明书等,促使民办学校最大限度地披露财务信息。

第四,税务检查及财务公开。《民促法》和《实施条例》虽然对此未做出规定,但地方民办教育管理条例增加"民办学校应当在每个会计年度结束后的某段时间内,主动接受税务部门的征(免)税检查,并将税务检查报告、年度审计报告和年度财务会计报告置于学校,供学生家长和有关人员查看"的规定,有助于消除公众对民办学校,尤其是要求合理回报的民办学校的误解。

---

① 潘懋元. 写在《民办教育促进法》即将实施之前[J]. 黄河科技大学学报,2003(3):8.
② 范国睿. 民办教育发展的保障与促进:解读《中华人民共和国民办教育促进法》[J]. 教育发展研究,2003(7):2.
③ 姜彦君. 不同类型的民办学校"合理回报"政策的选择[J]. 浙江万里学院学报,2004(1):4-5.

第五，合理回报比例。《民促法》第五十一条规定，"民办学校在扣除办学成本、预留发展基金以及按照国家有关规定提取其他的必需的费用后，出资人可以从办学结余中取得合理回报。取得合理回报的具体办法由国务院规定。"《民促法》的这一规定已经在原则上肯定了"合理回报"的合法性，而国务院有关部门考虑到我国地区差异大，不宜做统一规定的因素，最终出台的《实施条例》第四十四条、第四十五条也没有规定具体的回报比例，但把比例控制改为程序控制，即通过民办学校财务公开、设立资金使用程序、规定教育再投资最低比例的办法控制回报上限，并把完成法定的再投资责任后的具体盈余分配办法，授权各地立法机关结合本地区实际制定，这为地方制定具体实施办法留下了空间。① 地方民办教育管理条例在此框架下，完全可以根据本地实际，明确规定合理回报的具体比例。在确定具体比例时，还有两个因素必须考虑：一是合理回报从什么时候开始给的问题，笔者认为，办学前三年是学校办学的摸索期，不可预测的因素很多，所以应在办学三年后开始给。二是合理回报比例上限怎么定的问题，有经济学者认为投资企业的资金在10年左右完全收回是投资人可以接受的，因此把年回报率定在不得高于其投资额的15%（以第四年开始计算，在7年内投资人可以回收本金为依据测出），可以作为合理回报比例的参照值。

## 二、民办学校的退出机制问题

关于民办学校的退出机制问题，也是《民促法》和《实施条例》尚未很好解决的一个核心问题。这个问题在《民促法》和《实施条例》出台之前，表现得并不十分明显。但是，随着我国宏观民办教育政策的不断调整，在我国民办教育领域，已经出现了相当数量的兼并、倒闭的案例，比如，人们熟悉的南洋教育集团、四川天一学院、江苏培尔职业技术学院、山东双月园学校等。无论是兼并或倒闭，实际上都属于退出机制的范畴，而且可以预见，今后相当长的一段时期内，涉及退出机制的案例还将会越来越多。解决民办学校的退出机制问题已迫在眉睫。因此，制定地方民办教育管理条例时，如果不能很好地解决退出机制问题，必将使举办者心存疑虑，影响他们投资办学的积极性，更直接关系到民办教育的可持

---

① 季俊杰. 突破与局限：《中华人民共和国民办教育促进法实施条例》述评［J］. 河南职业技术师范学院学报（职业教育版），2004(4):21.

续发展。

那么,地方民办教育管理条例应该怎么来解决这个问题呢?应该承认,民办学校的兼并、退出,乃至倒闭,是民办教育发展的一个必然阶段,也是重新配置民办教育资源的有效手段,更是"优胜劣汰"、提高民办教育质量的重要过程。因此,要解决这个问题,首先必须对投资管理做出明确的规定,这是解决退出机制问题的基础;其次,必须对民办学校资产清算的具体步骤做出规定,这是解决退出机制问题所必需的操作程序;再次,必须对《民促法》尚不明确的规定做出必要的、明确的规定。只有这样,才能真正解决民办学校的退出机制问题。为了使民办学校的市场退出有序,把损失降到最低限度,应该采取以下措施。

首先,投资管理。《民促法》和《实施条例》均未对投资管理做出规定,但要建立产权明晰的资产管理制度,必须明确投资各方的资产。地方民办教育管理条例可以通过规定"民办学校办学前必须由评估机构对各方投入的资产进行评估"的方式,来解决投资管理的问题。

其次,清算办法。《民促法》第五十八条虽然对民办学校终止时的财务清算做出了分类上的规定,即"民办学校自己要求终止的,由民办学校组织清算;被审批机关依法撤销的,由审批机关组织清算;因资不抵债无法继续办学而被终止的,由人民法院组织清算",但对清算的具体步骤并未做出规定,操作程序不明确。笔者认为,民办学校终止时的资产清算,在地方民办教育管理条例中应当同时规定清算的具体步骤,以便更具有可操作性。比如,规定资产清算按照下列步骤进行:(1)由评估机构以货币形式计算出学校资产负债总额,并出具评估结果报告;(2)由清算组根据投入各方实际投入的金额及相关协议,计算出终止时投入各方应占的份额。

再次,投资者资产归还办法。《民促法》第五十九条在对民办学校财产的清偿顺序做出规定的同时,附带对民办学校清偿债务后的剩余财产,做出"按照有关法律、行政法规的规定处理"的规定。这样的规定虽然没有明确投资者资产如何归还的办法,但地方民办教育管理条例则可以根据本地区的实际,对此做出有利于民办教育事业发展的具体规定,如规定"民办学校清偿债务后的剩余财产,可以依据投入各方所占的份额进行分割",从而使投资者在民办学校清偿债务后的剩余财产中的权益得到法律保障。

最后,投资者资产处理办法。《民促法》和《实施条例》均没有对投资者资产的继承与转让问题做出明确的禁止规定,这就为地方民办教育管理条例的制定预留了"可以"做出"举办者所有的学校资产可以继承与转让"规定的空间。地方政府明确规定"举办者所有的学校资产可以继承与转让",不仅不会影响民办学校的正常教育活动,而且必将打消举办者的顾虑,从而吸引更多的社会资金前来投资民办教育。

### 三、本地区民办教育发展的适用性问题

制定地方民办教育管理条例除了必须重视上位法尚未解决的核心问题外,还必须重视条例对本地区民办教育发展需要的适用性。目前,很多地方条例仍在相当大程度上"克隆"国家颁布的政策法规内容,只是略多一些具体规定,有为制定条例而制定条例之嫌。这样的管理条例不仅没有用足国家赋予地方立法的权力,而且"千例一面",针对性差,因而难以发挥应有的管理效果。地方条例不是摆设,而是要进一步细化和完善国家法律的不足之处,使国家法律的作用最大化。而要做到这一点,就要求地方条例必须重视本地区民办教育发展需要的适用性。这里的适用性主要应考虑以下几个方面。

第一是针对性。制定地方条例时,除了必须与上位法以及国家其他法律法规的规定没有抵触和矛盾之外,应当充分利用《中华人民共和国立法法》赋予地方立法的权力(《立法法》第六十三条第一款规定:"省、自治区、直辖市的人民代表大会及其常务委员会根据本行政区域的具体情况和实际需要,在不同宪法、法律、行政法规相抵触的前提下,可以制定地方性法规。"),并在全面了解和把握本地区教育的现状与问题以及其他相关影响因素的基础上有针对性地来加以制定。

第二是创新性。地方条例主要是针对本地区的实际制定的,它更多地应体现在如何具体的操作上。我国现行的国家或地方法律法规的制定绝大多数都采用原则立法,在这种立法理念指导下制定的法律法规具有包容性强、使用周期长的优点,但同时也存在在法律法规的施行过程中,由于执法者的水平不同而导致把握法律法规的尺度不同等弊端。鉴于原则立法存在这样的缺陷,在制定地方条例时,就可以对立法原则有所创新,采用行为立法,即对已经出现或可能出现的行为进行规范。在行为立法理念的指导下制定的法律法规具有刚性强、无灵活解释余地的优点,从而使法律法规规定的各方处于同等地位。另一方面,制定

地方条例时，应该抓住上位法由于种种原因尚未明晰的、但对地方发展却十分重要的内容进行"合理合法"的创新。比如，《民促法》和《实施条例》中的重点与焦点问题是民办教育的合理回报和民办学校的退出机制问题，但对这两个问题，《民促法》和《实施条例》已有若干原则性的规定，地方条例可以也必须对此做进一步的细化和完善，使其具有可操作性。

第三是规范性。规范是为了更好的发展，发展必须建立在规范的基础上，这也是制定地方条例时应该坚持的一个基本理念。在我国，政府制定的法律法规一般来说是比较规范的，但在地方的执行过程中往往会有所"失真"，即地方在执行过程中由于认识水平和执法人员的理解不同，常常会出现尺度相差较大的现象。在此背景下，地方条例规范的对象就应该包括政府（各级行政部门）、社会组织、民办学校举办者、教师和学生等，但应以规范政府和民办学校举办者的责权利为重点。即一方面要对民办学校举办者的办学行为进行规范，另一方面也要对政府应负的责任做出明确的规定，只有通过政府在经费和政策方面对民办教育的扶持，才能达到对民办教育管理的目的，充分发挥政府宏观调控民办教育市场的作用。

第四是系统性。前面说到地方条例应以行为立法为立法理念，系统性是在这种立法理念的指导下制定法律法规的基本要求。即地方条例应在《民促法》和《实施条例》的框架下，在充分吸收国家其他教育法律法规的有关内容、全国其他省市民办教育管理条例中的好做法，以及本地区教育行政部门在民办教育管理实践中的有益经验的基础上，对涉及民办教育的管理者、举办者、办学者等方方面面的内容做出明确的和具有可操作性的规定。

第五是可操作性。可操作性是指地方条例所规定的内容不可过于原则和抽象，而应该概念清晰、便于理解、减少歧义，同时又较为具体、便于操作。此外，立法还要适应本地区的教育发展水平，并据此提出适当的要求，不可超乎现实的可能，否则就难以贯彻执行，造成立法资源的浪费。

总而言之，教育是提高全民族科技和文化素质的基础，是增强我国国际竞争力的战略需要，而教育的发展离不开国家政府和全社会的共同努力。如何吸引更多的社会资金投入到教育事业中来，完全有赖于我国各级政府的制度安排，而法律法规是政府制度安排的集中体现。地方政府应当根据本地区的实际，以《民促法》和《实施条例》等国家有关法律为依据，切实制定出适合本地区民办教育发展的具体实施办法，使国家法律和地方法规紧密结合起来，形成一个完善的法律体系，从而为繁荣与发展我国民办教育事业营造一个良好的制度环境。

## 第二节 制定地方民办教育管理条例的思考：以 S 市为例

《民促法》和《实施条例》的出台，对我国民办教育事业发展具有重大意义。但是，鉴于我国不同地区之间的经济、社会和教育发展的差异很大，单靠《民促法》和《实施条例》仍无法解决全国各个地区民办教育发展的所有问题，这就需要各地在贯彻执行中根据本地区民办教育发展实际制定具体实施办法，而且《民促法》和《实施条例》也已经考虑到这方面的问题，给全国各地制定适合自己需要的实施办法预留了空间，因此，《民促法》和《实施条例》颁布实施以来，各地方纷纷根据本地区实际，制定适合本地区民办教育发展需要的地方性民办教育管理实施办法。S 市教育局正是在这样的背景下受市人大的委托，来找我们协助制定《S 市民办教育管理条例》[①]（以下简称《管理条例》）的，这使得我们有机会就地方制定民办教育管理条例进行思考。现就我们在起草 S 市民办教育管理条例时的若干思考阐述如下。

### 一、制定地方民办教育管理条例必须遵循"不抵触、有特色、可操作"三个原则

我国地方立法通过 20 多年来的立法实践，已经总结出"不抵触、有特色、可操作"三个原则，全国人大立法工作会议对此已经给予了充分肯定。这也是《管理条例》起草的基本原则。

所谓不抵触原则，就是要求我们制定的《管理条例》必须与《中华人民共和国教育法》、《民促法》等教育法律法规以及国家其他法律法规保持一致，与国家法律的规定没有抵触和矛盾。《中华人民共和国立法法》第六十三条第一款规定：

---

① 《S 市民办教育管理条例》共 9 章，112 条，对民办教育的管理者、举办者、办学者方方面面的内容均做出了明确的、具有可操作性的规定。

"省、自治区、直辖市的人民代表大会及其常务委员会根据本行政区域的具体情况和实际需要,在不同宪法、法律、行政法规相抵触的前提下,可以制定地方性法规。"因此,制定《管理条例》的法律依据就是国家的立法法和其他教育法规。

地方立法还要根据《中华人民共和国立法法》第六十四条的规定,恪守自己的立法权限,就是在以下两种情况下可以制定地方法规,"(一)为执行法律、行政法规的规定,需要根据本行政区域的实际情况作具体规定的事项;(二)属于地方性事务需要制定地方性法规的事项。……其他事项国家尚未制定法律或者行政法规的,省、自治区、直辖市和较大的市根据本地方的具体情况和实际需要,可以先制定地方性法规……"《管理条例》的制定,属于上述第一种情况。

所谓有特色原则,就是切实针对S市地方社会发展、教育发展的实际情况进行立法。为此,我们多次召开有管理者和办学者参加的专题座谈会,充分了解S市市情和民办学校的要求与希望,找到民办教育特点。同时针对地方的具体情况和实际需要,制定出适应S市市情的民办教育管理法规。

所谓可操作性原则,是指《管理条例》所规定的内容不可过于原则和抽象,而应该概念清晰、便于理解、减少歧义,同时又比较具体、便于操作。此外,立法还要适应当地的教育发展水平,并据此提出适当的要求,超乎现实的可能,不仅难以贯彻执行,还会造成立法资源的浪费。为了实现"可操作性",《管理条例》引入行为立法的立法理念,在《民促法》和《实施条例》的指导下,紧密结合S市民办教育的实际,对民办学校的办学行为进行了详细的规范。

除了以上三个原则之外,我们的起草工作还体现了"以人为本"、"公平公正"和"大众参与"的原则,充分体现法律法规的"契约"性质而不是"王法"特点,也就是说,民办教育管理法律法规要区别于行业或部门内自上而下的行政命令。因此在起草过程中,我们广泛调研,充分吸取民办学校办学者的智慧,使广大办学者将这一法规看成是"自己的"法规,意识到其中包含有自己的合法权益,而不是政府部门添加在自己身上的命令、负担、责任。

## 二、制定地方民办教育管理条例必须全面把握本地区教育的现状与问题以及其他相关影响因素

制定地方民办教育管理条例不应是为制定条例而制定条例的。要使制定的管理条例确实有效,必须全面了解和把握本地区教育的现状与问题以及其他相

关影响因素,这是制定条例的基础性工作。为此,我们在起草《管理条例》之前,在 S 市进行了广泛的调研工作,内容涉及该市经济和社会的发展情况,尤其是公办、民办教育的发展状况。现将我们收集到的有关资料,简要整理如下:①

### (一) S 市民办教育发展现状

近年来,随着 S 市社会结构和经济结构的急剧变革,教育结构也发生了显著变化,原先由政府统包统揽的办学格局被打破,民办教育得到迅猛发展。自 1993 年 S 市正式批准第一所民办学校以来,民办教育发展经历了一个从无到有、由小到大、由不规范到逐步规范的发展过程。

特别是在世纪之交,随着民办教育在我国教育事业中的性质与地位在法律上的确立,S 市民办教育也进入了全面发展与提高的新时期,一批高水平民办学校异军突起。民办教育已经成为 S 市教育事业的重要组成部分。到 2004 年年底,S 市已有各级各类民办学校 1007 所,在校生 37.1 万人。其中,民办幼儿园 613 所,在园幼儿 8.56 万人;民办普通中小学 251 所(其中,小学 126 所,普通中学 125 所),在校生 28.2 万人;民办高等职业学校 2 所,在校生 3357 人;民办成人职业培训机构约 300 所。随着民办教育的发展,学校资产总值有了较大幅度的增长。据统计,截至 2004 年年底,S 市民办学校固定资产已达 29.5 亿元,其中国有固定资产 3.4 亿元,非国有固定资产 26.1 亿元(只对 147 所中小学、178 所幼儿园的统计)。S 市民办中小学教育已占据半壁江山,为该市整个教育的发展做出了积极的贡献。

### (二) S 市民办教育发展的主要特点

S 市民办教育在多年的发展过程中,逐渐形成了自身的特点,在类型、层次、结构、性质等方面都与国内其他城市有显著区别,其主要原因是由 S 市特殊的人口结构决定的,特别是与 S 市非户籍人口的数量、结构、类型和分布有高度的相关性。

1. 非户籍人口增长决定民办教育的发展速度

S 市民办教育迅速扩张的原因,在于过去几年非户籍人口的快速增长。全市居住半年以上的非户籍人口由 2000 年的 600 万人增长到 2004 年的近 800 万人,

---

① 这一部分资料和有关数据均由 S 市教育局提供。

净增近200万人，年均增加近50万人。而S市在校生年均增长速度是常住人口年均增长速度的近2倍，2000—2004年各级各类学校在校生数从56万人增加到95万人，实际增加39万人，年均增长13.9%；同期常住人口增长从432.94万人增加到597.55万人，年均增长7.6%。

在人口增量中增长最快的是非户籍人口，与之相对应的是，非户籍学生增长迅速，已成为民办教育快速发展的最大动力和生源库。2000—2004年，全市暂住人口（暂住时间为1年以上的办理暂住证的非户籍人口，不包括1年以下的没有办理暂住证的非户籍人口）从308.02万人增加到432万人，增长40.25%；全市非户籍学生从27万人增加到54.6万人，增长102.22%。这样庞大的非户籍人口仅仅依靠公办教育无法解决，民办教育的迅速发展，就成为解决非户籍人口子女义务教育的主要途径。

2. 人口结构与民办教育结构高度相关

S市人口结构的特点，表现在类型结构和区域结构两个方面，这两个方面也相应地决定了民办教育发展的层次结构和区域结构。

一是S市人口的类型结构与民办教育层次结构的相关性。S市人口的类型结构可以从以下两个方面看出：一方面是非户籍人口与户籍人口比例严重倒挂。2004年年底，全市户籍人口165万，暂住半年以上的非户籍人口796万左右，户籍与非户籍人口之比为1∶4.8。另一方面，S市人口中非户籍人口的年龄特征决定S市民办教育的办学层次结构。非户籍人口以适婚生育段人口为主，近年新增加的近200万非户籍人口中，年龄多位于15～39岁之间，绝大多数正处在适婚及生育年龄阶段。这一年龄特征决定其子女多处于接受中小学义务教育阶段。

二是人口的区域结构决定民办教育带有明显的区域特征。S市各区人口分布很不平衡，尤其是非户籍人口比重在各区的差异很大，其中B区、L区最为集中。2004年，B区居住半年以上非户籍人口为362.2万人，L区为223.7万人，六个区居住半年以上非户籍人口总计为862万人，B、L两区占全市非户籍人口总数的比例为68%。与非户籍人口的分布特点相一致，这两个区非户籍学生十分集中，民办学校的数量最大，发展也最快。2004年，B、L两区中小学阶段非户籍生32.2万人，占全市非户籍生总数的70.2%。

3. 办学的多元化格局

多年来，S市民办教育在办学体制上不断改革、创新，民办教育呈现出了纷繁多姿的办学格局。具体体现在以下三个方面：一是投资主体和资金来源的多元化。投资主体或者是个人，或者是企业，或者是社会团体等，具体而言，可分为七种形式，即国有民办（这类学校的土地与校舍一般都由政府提供，有使用权，没有所有权）、民办公助（这类学校的土地校舍、人员工资都是政府提供的）、企业自办、政企合办、收取教育储备金开办、个人独资、租赁校舍、中外合作等形式。二是办学定位多元化。有的民办学校办学条件优于公办学校，主要满足社会对优质基础教育的需要；有的民办学校办学条件简陋，收费低，主要满足外来人口子女接受教育的基本需求。三是发展模式多元化。有的民办学校本身由企业来办，与企业捆绑式发展；有的与政府联办；有的则不断加强与境外教育机构的联系，引进境外资源。

### （三）S市民办教育发展中的问题

S市民办教育规模的迅速扩张，一方面极大地满足了S市社会发展对教育的需求，推动了教育现代化的进程；另一方面也引发了一系列的矛盾，诸如人口结构与教育结构的矛盾、人口数量与学校布局的矛盾、规模扩张与质量提升的矛盾、民办教育与公办教育的矛盾、管理部门与民办学校之间的矛盾、教育公平与效率之间的矛盾，以及民办教育的产权、回报、风险、内部管理、教育教学质量等方面问题也逐步地暴露出来。

从上述的资料来看，我们认为，制定S市民办教育管理条例必须始终考虑到以下几个因素：(1) S市非户籍人口众多，其子女接受教育的需求大；(2) 政府对教育的投入无法满足非户籍人口子女接受义务教育的需求，需要开放民办教育市场；(3) 民办教育市场巨大，而民办学校举办者绝大多数又都明确表示要求合理回报，等等。

## 三、制定地方民办教育管理条例必须抓住尚未解决的核心问题

制定地方民办教育管理条例是一个系统工程，需要考虑方方面面的因素很多，由于篇幅所限，这里仅就《民促法》和《实施条例》中尚未很好解决的两个核心问题——合理回报比例和退出机制，阐述我们在起草《管理条例》时的一些思考。

首先是关于合理回报比例的问题。《民促法》起草、审议过程中最具争议性的问题，就是出资人的合理回报问题，这个问题直到该法及《实施条例》颁布后

仍是各界关注和议论的焦点问题。《民促法》起草、审议过程中争论的是合理回报是否与《教育法》规定的"不得以营利为目的"的原则相悖，是否会妨碍民办教育的公益性的履行。这个问题在反复争论和研究后，提出了这样的原则性规定，即《民促法》第五十一条"民办学校在扣除办学成本、预留发展基金以及按照国家有关规定提取其他的必需的费用后，出资人可以从办学结余中取得合理回报。取得合理回报的具体办法由国务院规定。"而国务院在随后制定并颁发的《实施条例》中虽然对此做出了规定，即第四十四条和第四十五条，[①] 但是这样的规定也仍然只是原则性规定。换句话说，《民促法》原则上肯定了"合理回报"的合法性，而《实施条例》对"合理回报"的操作只做出了原则性规定。尽管《民促法》和《实施条例》对"合理回报"问题没有给出具体的回报比例，但从我国地区差异大，不宜做统一规定的角度来看，仍不失为当前最好的一种选择，因为它为各地制定具体措施留下了空间。[②]

因此，地方在制定民办教育管理条例时必须对此给出明确的、具有可操作性的规定。因为众所周知，我国民办学校举办者绝大多数属于投资办学，是希望投资能有一定回报的，如果没有在法律上给予明确的具体规定，将很难吸引到更多的社会资金投入教育。这也是繁荣民办教育的重要政策。如果地方政府确实需要制定本地区民办教育管理条例的话，《民促法》和《实施条例》尚未完全解决的这个核心问题，必须在地方民办教育管理条例中加以解决，否则制定出来的条例的意义和价值将大打折扣。

那么，我们在起草 S 市民办教育管理条例时是怎么解决这个问题的呢？我们认为，要解决这个问题，首先必须对民办学校进行分类，对要求合理回报的民办学校要求执行《企业会计制度》，这是确定合理回报比例的基础；其次，必须建立产权明晰的资产管理制度，对各种资产投入民办学校办学前要求由评估机构以货币形式计算出公允价值，并分别登记建账，这是确定合理回报比例的关键；再次，民办学校财务会计报告必须接受有关部门的审计，收费标准必须报有关部门核准或备案，以及建立收费项目和标准、财务的公开制度；最后，明确办学盈

---

① 中华人民共和国民办教育促进法实施条例[EB/OL].[2019-05-10].http://old.moe.gov.cn//publicfiles/business/htmlfiles/moe/moe_620/200409/3183.html.
② 季俊杰.突破与局限：《中华人民共和国民办教育促进法实施条例》述评[J].河南职业技术师范学院学报（职业教育版），2004(4):21.

余中应提取的法定公积金、法定公益金以及事业发展后备基金的具体比例。只有在解决了上述这些基础性和关键性的问题后，才能确定合理回报的具体比例。根据这样的思路，我们制定了如下条文：

《管理条例》第五十四条规定："民办学校应当依法独立设置银行账户和会计账簿，建立健全资产和财务管理制度，执行有关财经、税务、财会等法律法规，接受业务主管部门依法进行的监督与检查。民办学校制定具体的财务与会计管理办法，应当报审批机关备案。不要求合理回报的民办学校执行《民间非营利组织会计制度》，要求合理回报的民办学校执行《企业会计制度》，民办学校所执行的会计制度一经确定，不得随意变更。学校法定代表人为会计责任人，承担《中华人民共和国会计法》规定的法律责任。"

第五十七条规定："民办学校必须建立产权明晰的资产管理制度，对其管辖中的国有资产、举办者投入到民办学校的资产、接受社会捐赠的资产和民办学校办学积累的资产，应当分别登记建账，不得混淆各类资产性质。本条所称'国有资产'包括：（1）政府无偿提供的土地、校舍、教学设施设备等，（2）政府以优惠政策出售的土地、校舍等的优惠部分，（3）城市规划小区配套学校（幼儿园）原始资产，（4）政府贴息贷款的贴息部分，（5）上述资产的增值部分。上述（1）、（2）、（3）、（4）项的资产在提供给民办学校之前，必须经过评估机构以货币形式计算出公允价值，作为国有资产部分。民办学校举办者对国有资产负有保值、增值的责任。"

第六十条规定："民办学校的收费项目和标准，由学校提出，经审批机关审核提出意见，由财政部门、物价部门按照职责分工，根据该校的教育教学成本和接受资助的实际情况核定。"

第六十一条规定："民办学校应当按照财政、物价、教育行政部门核准的项目和标准收取学费及其他必要费用，并使用市财政部门统一印制的行政事业性收取票据或者市税务部门统一印制的发票。民办学校必须公开收费项目和标准，不得擅自设立收费项目和提高（或降低）收费标准，并接受师生和社会监督。"

第六十四条规定："民办学校的举办者或者校董会应当委托独立的社会审计机构对所办学校的年度财务会计报告进行审计，并于会计年度结束后两个月内将经审计后的年度财务会计报告报送审批机关。审批机关应当对民办学校报送的年度财务会计报告进行审核。年度财务会计报告应当包括下列财务会计报表及附属明细表:(一)资产负债表;(二)收支表;(三)现金流量表;(四)收支盈余分配表;(五)债权债务明细表;(六)财务情况说明书。"

第六十五条规定:"民办学校应当在每一会计年度结束后四个月内,接受税务部门的征(免)税检查,并将税务检查报告、年度审计报告和年度财务会计报告置于学校,供学生家长和有关人员查看。"

第六十七条规定:"要求合理回报的民办学校的办学盈余,应当在提取10%的法定公积金、5%~10%的法定公益金和20%的事业发展后备基金以及国家规定的其他项目以后,按照学校章程规定进行分配。其中政府和教育行政部门资产投资收益必须上缴财政部门或者转为民办学校的国有资产。"

第六十八条规定:"要求合理回报的民办学校在扣除办学成本、预留发展基金以及按照国家有关规定提取其他的必需的费用后,投资者可以从办学盈余中取得合理回报,但原则上学校正式设立后的前三年不得要求回报,三年后的年回报率也不得高于其投资额的15%。"

从上述的条文和《管理条例》第五章民办学校的资产与财务管理的其他条文的制定,我们认为,《管理条例》一方面把握了《民促法》和《实施条例》的基本精神,另一方面对它们予以回避的产权问题和回报比例问题进行了大胆的探索,创造性地提出了解决问题的具体办法。比如,对国有资产的界定,从国内外有关法律法规来看,属于首创;又如,明确投资各方的资产,一方面为建立产权明晰制度奠定了基础,另一方面对投资者的退出机制也有明确的说法,是对《民促法》和《实施条例》的重大突破;再如,结合我国企业的投资回报状况,对民办学校举办者的年回报率做出"不得高于其投资额的15%"的上限规定,旨在防止暴利行为,保障民办教育的公益性的履行,同时考虑到办学前三年是学校办学的摸索期,不可预测的因素很多,做出了"办学前三年不得要求回报"的规定,等等。

其次是关于退出机制的问题。这也是《民促法》和《实施条例》尚未很好解决的一个核心问题。制定地方民办教育管理条例时,如果不能很好地解决退出机制问题,必将使举办者心存疑虑,从而影响他们投资办学的积极性。有鉴于此,我们在起草《管理条例》时,根据《民促法》的有关规定,创造性地提出了以下的解决办法。

《管理条例》第七十六条规定:"民办学校终止时,应当依法进行资产清算。民办学校自己要求终止的,由民办学校组织清算;被审批机关依法撤销的,由审批机关组织清算；因资不抵债无法继续办学而被终止的，由人民法院组织清算。但不论何种情形的清算工作，均应成立清算组。资产清算按照下列步骤进行：（一）由评估机构以货币形式计算出学校资产负债总额，并出具评估结果报告；（二）由清算组根据投入各方实际投入的金额及相关协议，计算出终止时投入各方应占的份额。"

第七十八条规定："终止的民办学校属于自有校舍的，在完成本条例第七十六条规定的程序后，由政府委托中介组织进行拍卖，或者以略低于学校资产总额的价格（差价在10%以内）由政府收购。"

第七十九条规定："自有校舍的民办学校在取得出售实得额并扣除下列各种费用后，剩余的资产应当归还举办者：（一）应退的学生的学费及其他费用，或者学生的安置费用；（二）应发的教职工的工资及应缴纳的社会保险费用；（三）清算费用；（四）偿还其他债务；（五）返还投入的国有资产及增值部分；（六）社会捐赠及增值部分。"

第八十二条规定："举办者所有的学校资产可以继承与转让。"

从上述的条文和《管理条例》第六章民办学校的变更与终止的其他条文的制定，我们认为，在产权制度明晰的前提条件下，应该允许民办学校举办者所有的学校资产在一定期限之后（办学两年以上）可以转让，也可以继承；而且还应该在学校终止的资产清算方面制定具体的实施步骤。只有在解决了这两方面的问题后，才能真正解决退出机制问题。与此同时，我们认为，民办学校终止的资产清算工作，首要考虑的是学生的安置工作。

### 四、《管理条例》的主要特色

在遵守上位法和国家其他相关法律法规规定的基础上制定的《管理条例》，我们认为，其特色主要有以下几点：

第一，创新性。《管理条例》的创新性首先表现在立法的理念上。我国现行的国家或地方法律法规的制定大多采用原则立法，依此而制定的法律法规具有包容性强、使用周期长的优点，但同时也存在在法律法规的具体施行过程中，因执法者的执法水平差异，把握法律法规的尺度不同等弊端。鉴于原则立法存在的缺陷，我们在为 S 市起草《管理条例》时，采用了法制建设比较好的国家通行的做法，即采用行为立法，也就是对已经出现或可能出现的行为进行规范。在这种立法理念的指导下制定的法律法规具有刚性强、无灵活解释余地的优点，从而使法律法规规定的各方处于同等地位。其次，《管理条例》抓住民办教育管理的重点与焦点问题——民办学校的进出机制和民办学校的资产与财务管理，根据《民促法》、《实施条例》以及相关法律法规规定，并结合我们已有的研究成果，对《民促法》和《实施条例》的原则性规定进行细化或补充，使其具有可操作性。比如，《管理条例》第五十六条关于财务监管的规定，就是我们根据 B 区和 L 区的有关规章制度（"三方共管"方案）提炼而成的；第五十七条关于国有资产的界定，就是我们根据已有的研究成果概括出来的（"国有资产"内涵外延的界定）；第六十八条关于合理回报的规定，就是我们根据《民促法》的原则性规定，并结合我国企业的投资回报状况，对民办学校举办者的年回报率作出"不得高于其投资额的15%"的规定；第八十二条关于投资者资产的处理方式，就是我们基于调动举办者投资办学的积极性，创造性地提出"举办者所有的学校资产可以继承与转让"的，等等。

第二，针对性。目前 S 市的各级民办教育均占有较大的比重，尤其在义务教育阶段，民办教育占据半壁江山，这在全国是独一无二的现象，在世界其他国家也是不多见的。因此，我们针对 S 市的实际情况（人口结构特殊、政府无法满足非户籍人口子女接受义务教育的需求、民办教育市场巨大、民办学校举办者绝大多数都明确表示要求合理回报等），进行《管理条例》的起草工作。比如，针对 S 市民办教育市场巨大、民办学校办学条件悬殊很大的特点，《管理条例》在第十四条、第十七条、第十九条、第二十条、第二十三条、第二十四条都对民办学校的准入资格进行了严格的规定；又如，针对义务教育应由政府承担的发展趋势，《管理条例》在第八十四条、第八十五条、第八十六条、第八十七条、第八十八条、第八十九条都对政府应当加大对民办教育的投入力度进行了规定；再如，针对 S 市民办学校举办者绝大多数都明确表示要求合理回报的实际，我们在起草《管理条例》时，借鉴国外私立学校法的有益经验，有针对性地提出了许多具有可操作性的规定，等等。

第三，系统性（或称完整性、全面性）。如上所述，《管理条例》是以行为立法为立法理念的，因此，系统性是其基本要求。《管理条例》在《民促法》和《实施条例》的指导下，在充分吸收了国家其他教育法律法规的有关内容、全国部分省市民办教育管理条例中的好做法，以及S市各区教育行政部门在民办教育管理实践中的有益经验的基础上，对民办教育的管理者、举办者、办学者方方面面的内容均做出了明确的、具有可操作性的规定。

第四，规范与扶持并重。"规范就是对民办教育的最大扶持"，这也是我们在起草《管理条例》过程中始终坚持的一个基本理念。鉴于前面已经提到的问题：(1) S市非户籍人口众多，其子女接受教育的需求大；(2) 政府对教育的投入无法满足非户籍人口子女接受义务教育的需求，需要开放民办教育市场；(3) 民办教育市场巨大，而民办学校举办者绝大多数又都明确表示要求合理回报，等等，因此《管理条例》规范的对象包括了政府（各级行政部门）、社会组织、民办学校举办者、教师和学生等，但以规范政府（各级行政部门）和民办学校举办者的责权利为重点。《管理条例》一方面对民办教育的市场准入与退出机制、民办学校举办者的办学行为进行了规范，另一方面对政府应负的责任也做出了明确的规定，旨在通过政府在经费和政策方面对民办教育的扶持，达到对民办教育管理的目的，充分发挥政府宏观调控民办教育市场的作用。

## 五、结语

这次参与制定《管理条例》是我们教育理论工作者将《民促法》和《实施条例》的有关规定以及现有的教育研究成果转化为教育实践活动的一次有益尝试。这项成果也是教育理论工作者和教育实践者共同智慧的结晶。《管理条例》的起草工作之所以能够在不到4个月的时间内完成，主要得益于S市教育局的高度重视、教育局相关部门和各区教育主管部门领导和民办学校的大力支持。在《管理条例》第三稿的征求意见会上，教育行政部门和民办学校举办者对管理条例的制定工作是满意的，他们认为，"《S市民办教育管理条例》（专家建议稿）条理清晰，论证充分，并紧密结合我市社会、经济、民办教育发展的改革要求，研究成果具有前瞻性和较强的可操作性。"目前，《管理条例》第四稿已进入S市人大的第一次审议阶段。我们衷心希望《管理条例》能够尽快获得市人大的通过，为S市民办教育的健康发展尽我们的一份贡献。

# 第三章　亚洲其他国家私立高等教育发展举隅

在亚洲国家中，韩国、马来西亚和菲律宾等国的私立高等教育具有很强的代表性，私立院校所占比例均在85%以上，在校生数占一半以上，高者达74%（2006年数据）。这与所在国的高等教育发展政策、经费政策和管理政策是分不开的，其中政府实施的经费资助政策更是私立高等教育发展、稳定与否的"晴雨表"。三国私立高等教育发展变化显示，私立高等教育发展与政府的经费政策，尤其是多元化教育投入有着很强的联系。

韩国是世界上私立高等教育最为发达的国家之一。21世纪初韩国高等教育规模的持续扩张引发了一系列问题：教育质量下滑，尤其是近年来随着适龄入学人口的锐减，使得主要经费来源依赖于学生学费的私立大学开始面临财政危机，为此它们不得不通过合并与兼并等重组的方式以增强生存能力。政府也通过立法或制定政策规范私立大学的退出机制，促使私立大学进行重组改革，以提高其竞争优势。

马来西亚的私立高等教育虽起步较晚，但发展迅速。自20世纪90年代起，政府开始鼓励私立部门在高等教育供给方面扮演重要角色。为打造区域优质教育中心，马来西亚政府于1997年专门设立了一个质量保障机构——国家认证委员会（LAN），对私立院校开设的课程进行评估认证，以监督和提高其教育质量。目前，该评估认证制度虽在质量的改善与管理方面取得成效，并形成自身的一些特色，但也面临着诸多挑战。

从20世纪80年代开始，马来西亚政府逐渐采取较为开放的私立高等教育发展政策。在政府的支持与引导下，私立院校通过学分转移、双联课程和邀请外国大学设立分校等方式，不断对教育实践的国际化进行探索，并先后经历了"请进来"和"走出去"两个时期。目前，马来西亚私立高等教育国际化进程不断加快，已经成为亚太地区重要的教育输出国。

菲律宾私立高等教育发展历史悠久，在高等教育体系中一直占有重要地位，并为该国的经济建设和社会发展做出了很大贡献。菲律宾私立高等教育的认证制度出现于二战后，它虽以美国为蓝本，但经过半个多世纪的发展与完善，形成了自己的显著特点：认证机构的民间性和相对独立性，认证指标体系的相对完整性，认证制度的实施得到政府的鼓励与支持。菲律宾私立高等教育认证制度，对于我国发展民办高等教育有着有益的启示。

20世纪五六十年代，菲律宾高等教育体制比东亚的其他发展中国家或地区先进，甚至走在韩国和我国台湾地区的前面。20世纪90年代末以来，囿于政治、经济和教育自身等多重因素，菲律宾高等教育的学术标准和机构的信誉受到严重影响。为了提高私立高等教育的质量，菲律宾政府在学校建设、学生学业和教师发展等方面向私立院校提供了大量资助，但资助体系本身也存在一些问题。

## 第一节　韩国、马来西亚、菲律宾三国私立高等教育经费政策

韩国、马来西亚、菲律宾的私立高等教育十分发达，是各自国家实现高等教育大众化乃至普及化的中坚力量，为民族经济的发展培养了大批优秀人才，因而在各自高等教育系统中具有举足轻重的地位。通过考察这三个国家私立高等教育的发展历程，我们发现经费政策对其私立高等教育的健康发展发挥着重要作用。因此，本章节在概述三国私立高等教育发展的基础上，深入探讨经费政策是如何影响三国私立高等教育发展的，重点分析其特点与趋势，以期对我国制定民办高等教育政策有所启示。

### 一、韩、马、菲三国私立高等教育的发展

韩国的私学传统悠久，可追溯到公元前57年与官学"太学"相对的私学"扃堂"，但近代意义上的私立高等教育机构出现于19世纪末20世纪初。当时伴随外国列强而涌入的西方文明给韩国传统教育体制带来了重大冲击，在韩国形成了外国传教士和本土爱国人士两股社会办学力量。这两类学校的代表分别是梨花女子大学（韩国第一所私立大学）的前身——梨花学堂（1886年）和高丽大学的前身——普成学校（1906年）。从发展路径来看，韩国私立高等教育的发展先后经历了独立前日本殖民统治的压制和光复之初美国军政的相对宽松时期，以及独立后的自由放任与统管、扶植以及大变革时期。近几年来，在政府的扶植、规范与适度控制下，韩国私立高等教育一直朝着自律化、多样化、特色化方向发展。2005年，韩国共有高等教育机构419所，其中私立359所，约占总数的

85.7%,私立院校在校生2629242人,占在校生总数的74.1%。①

马来西亚的私立高等教育在这三个国家中起步最晚,始于1969年2月马来西亚马华公会成立的东姑阿都拉曼学院(Tunku Abdul Rahman College,TARC)。②虽然20世纪70年代有了进一步发展,但政府对其控制还是比较严格,办学层次也较低。此后政府对其态度虽然有所缓和,但还是比较谨慎:从20世纪80年代初期实行较为开放的私立高等教育政策(有控制地发展),到20世纪90年代开始鼓励私立部门在高等教育供给方面扮演重要角色,再到20世纪90年代中期随着高等教育的分权化、规范化发展,一步步对其松绑。马来西亚大部分私立学院是营利性的,但也有非营利性的,如政党(马来西亚华人公会设立的东姑阿都拉曼学院,马来西亚印度国会的亚洲科学技术中心)、宗教团体与慈善机构资助的学校。2005年,马来西亚共有高等教育机构630所,在校生73.2万人,其中私立院校数(559所)和在校生数(34.1万人)分别占机构总数和在校生总数的88.7%和46.7%。③

菲律宾私立高等教育的历史在三国中最为悠久,可追溯至天主教于1611年创办的圣·托马斯大学(The University of San Thomas)。菲律宾私立高等教育机构可分为宗教类和非宗教类两类,前者通常是非股份制、非营利性的,后者兼具营利性和非营利性。独立前的西班牙统治时期(1565—1898年)和美国殖民时期(1898—1946年),私立高等教育发展随着殖民政策的不同而不断发生变迁。独立后,随着经济的恢复和发展,为满足社会经济发展的需要和社会公众日益强烈的接受高等教育的愿望,私立高等教育得到了长足发展,但政府对其发展政策几经波折。从总体上看,由于公立教育机构的空间有限,菲律宾大部分学生就读于私立院校,私立高等教育一直发挥着重要作用。至2005—2006年,菲律宾共有高等教育机构1599所,其中私立院校(包括宗教类和非宗教类)1431所,约占总数的90%,私立院校在校生数为159万人,占在校生总数的65.2%。④

---

① KEDI.Brief Statistics on Korean Education 2005[EB/OL].[2006-02-22].http://english.moe.go.kr/main.do?s=English.

② DATO N.BT,Hamid A.Private Higher Education in Malaysia: Current Development and Future Direction[C]//Private Higher Education in Asian and the Pacific. Xiamen: Xiamen University, 1996.

③ HASSAN A.Current Practices of Malaysia Higher Education[EB/OL].[2007-11-20].http://www.ctu.edu.vn/dhct40nam/thamluan/current%20practices.pdf.

④ SATURNINO M.O.Status of Higher Education in the Philippines[C]//Paper Delivered during the Regional Seminar on "Higher Education in Southeast Asian Countries: A Current Update"; SEAMEO-Regional Center for Higher Education and Development (SEAMEO-RIHED); Bangkok,Thailand, 2005.

## 二、经费政策对韩、马、菲三国私立高等教育发展的影响

### (一)韩国

日本军国主义统治期间,为打击私立学校的排日情绪,曾颁布《私立学校补助规定》,关闭了一些倡导民族独立、秘密从事抗日活动的私立学校。美国军政时期实行教育民主化政策,并拟定"高等教育扩充计划",恢复发展私立高等教育。独立后,韩国政府对高等教育采取自由放任政策,短时期内私立院校大批涌现。规模的盲目扩张造成私立院校财政状况恶化、教育质量下滑和毕业生就业难等问题。20世纪60年代,政府开始加强管制,整顿办学条件。具体表现为1963年《私立学校法》的颁布,政府开始把私立高等教育纳入国家统一发展规划,并置于教育部的直接监督之下。从1945—2005年韩国私立高等教育机构数可以看出,60年代后期私立高等教育发展速度明显放慢(见图3-1)。

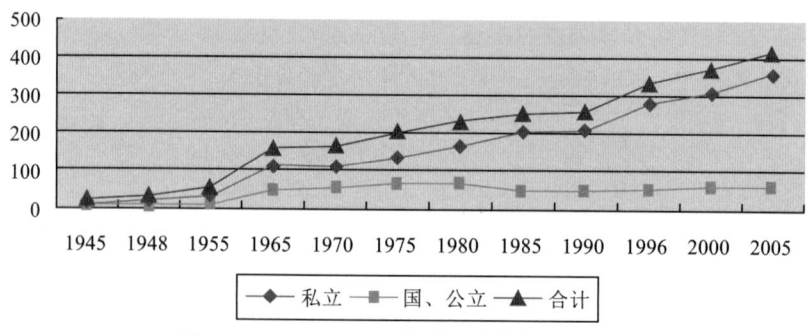

图 3-1 1945—2005 年韩国高等教育机构数

资料来源:KEDI. 韩国高等教育简要统计 [EB/OL].[2006-04-06]. https://www.kedi.re.kr/khome/main/webhome/Home.do.

20世纪70年代前后,政府相继采取一些措施,如推行实验大学改革(1973年)和大学"特色化"改革,在指导私立院校发展的同时,仍未放松控制。为缓解私立大学的财政困难,韩国政府先后颁布或修订了一系列法令,如1973年的《私立学校教员年金法》、1974年的《学校法人基本财产令》、1976年的《学校法人的学校经营财产基准令》,并修订《私立学校教师退休办法》,以保障私立学校的法人地位,使私立学校在经营财产、财务会计、教师工资等办学规则方面有法可依。另外,政府在逐渐增加资助的同时,还修订《税收减免法》,通过税收减免优惠、

给予财政补贴等方式减轻私立大学的财政负担。总体来看,在各种政策的支持下,这一时期私立高等教育的发展速度有所回升,尤其是专门大学,更是从1970年的39所增加到1980年的128所。[①]

1980年12月,韩国政府颁布《教育税法》,以法律形式确保教育经费来源,这表明政府开始采取有力措施对私立高等教育松绑,规范和扶植其发展。具体表现为政府在继续给予私立院校财政补贴、实行税收优惠政策的同时,通过颁发《大学自主化方案》,取消政府对私立大学学费的决定权,使大学拥有了更多的自主权。此外,1989年韩国政府还颁布了《私学振兴财团法》(后经多次修改),设立"私学振兴财团"(政府补助为其资金来源之一),以保障私学的办学经费。

20世纪90年代,政府出台的一系列教育改革计划方案中曾多次提到增加教育经费,以缓解私立大学的财政困难。尤其是1999年启动的"21世纪智慧韩国计划"(Brain Korea 21,简称"BK21计划"),政府更是从提高民族竞争力的高度划拨专项资助,用于私立院校财政环境的改善和教育质量的提升。

(二)马来西亚

1969年马来西亚学生运动爆发后,政府开始向社会弱势群体提供更多的教育机会,因此,20世纪70年代,马来西亚的私立高等教育有了进一步发展,即由原来的私立学校发展成为第三级教育水平的高等院校。80年代,由于经济不景气,政府于1983年采取了较为开放的私立高等教育政策,允许设立私立院校。于是一些私立学院纷纷成立,并与国外大学建立联系,通过学分转移和双联课程(当地学院与外国大学挂钩,学生在当地修完1—2年的课程后,还需要在国外学习1—2年才可以拿到学位)等课程形式,使学生获得国外大学授予的学位。20世纪90年代初,随着经济复苏和中等教育的普及,公立大学已无法满足社会公众、特别是非马来人强烈的高等教育需求,因为受种族配额的限制,即便是成绩优秀的学生也无法进入公立高校就读。为此,马来西亚政府开始对高等教育实行分权,鼓励私立部门在高等教育供给方面扮演重要角色,因此新的私立院校不断涌现。尽管政府对私立院校的资助只占私立院校经费来源的小部分,但它采取另外一种形式促进私立高等教育的发展,即亚洲金融危机爆发后,为节省外汇,政府通过削减国外马来族留学生的奖学金(1995年获该奖学金的人数约为2万人,1998

---

① 王留栓. 亚非拉十国高等教育[M]. 上海:学林出版社,2001:32.

年减至 200 人<sup>①</sup>），客观上促进了本土私立院校的发展，使私立院校数大幅度增加，课程形式也更加多样化。从法律政策层面看，除《1996 年私立院校法》、《国家高等教育委员会法》等法规外，马来西亚政府还运用此前出台的一些法案（如 1967 年的《所得税法》和《关税法》，1972 年的《销售税法》，1986 年的《投资促进法》等）向私立院校提供税收奖励。<sup>②</sup>2000—2005 年，政府仍关注私立院校质量的提高，关闭了近百所质量较差的私立学院，但整体来看，私立高等教育在持续发展，尤其是私立大学数量还在不断增加（见图 3-2）。

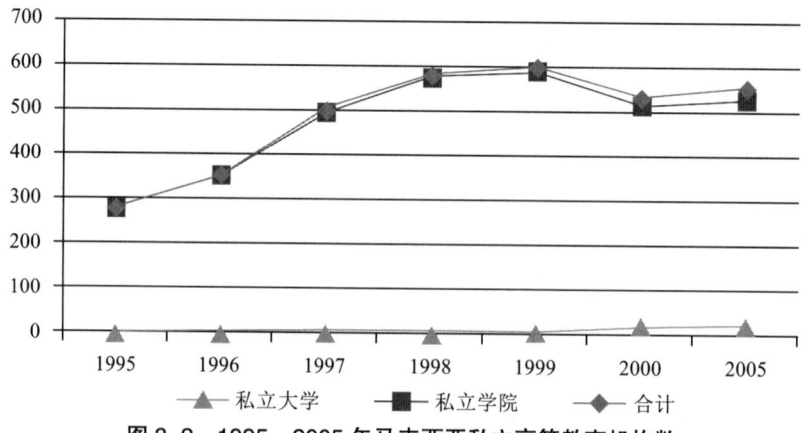

图 3-2　1995—2005 年马来西亚私立高等教育机构数

资料来源：MIDDLEHURST R, Woodfield S. The Role of Transnational, Private and For-Profit Provision in Meeting Global Demand for Tertiary Education: Mapping, Regulation and Impact-Case Study Malaysia[M]. Canada: Common Wealth of Learning and UNESCO, 2004: 47.

（三）菲律宾

独立前，由于西班牙殖民者实行"政教合一"的政治制度，因此菲律宾政府对圣·托马斯大学也给予一定资助。此后，美国殖民政府奉行宗教与教育相分离的政策，教会学校由于得不到资助，发展受到严重影响。独立后直至 1968 年学生运动爆发，政府一直奉行自由放任政策，私立院校数从 1946 年的 77 所增长

---

① LEE M.N.N.The Impact of the Economic Crisis on Higher Education in Malaysia [J]. International Higher Education, 1999(1).

② MIDDLEHURST R, Woodfield S. The Role of Transnational, Private and For-Profit Provision in Meeting Global Demand for Tertiary Education: Mapping, Regulation and Impact-Case Study Malaysia[M]. Canada: Common Wealth of Learning and UNESCO, 2004.

到 1969 年的 617 所，增长了近 7 倍（见图 3-3）。1969 年以后，政府开始对私立院校进行整顿，并对其收费进行严格控制，这一举措严重制约了私立高等教育的发展，私立院校开始减少。但由于菲律宾政府于 1968 年设立了专门针对私立教育的资助组织——"资助私立教育基金组织"，并颁布了一系列资助私立学校的教育法规，如"1972 年教育发展令"，提出资助私立高校的课程和设施，私立高等教育又很快得到恢复和发展，1975 年私立院校数增至 628 所。

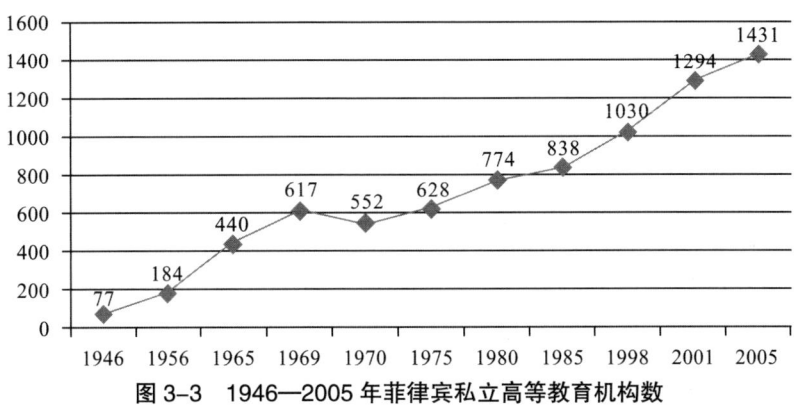

**图 3-3　1946—2005 年菲律宾私立高等教育机构数**

资料来源：

① SWINERTON E.N, Philippine Higher Education: Toward the Twenty-first Century, New York: Praeger Publishers, 1991: 22;

② OCAMPO S.M. Status of Higher Education in the Philippines [EB/OL].[2005-9-29]. http://www.rihed.seameo.org/NewsandEvents/current%20update/pphilippines.pdf.

20 世纪 80 年代，菲律宾政府相继颁布了"1982 年教育法"、"1984 年教育法"和"1987 年宪法"等一系列法律，在"1987 年宪法"中，政府不仅承认了公、私立教育的互补作用，还决定对其提供资助，实行税收优惠（非股份制、非营利性机构单列）。此外还先后通过了第一部资助私立高等教育的专门法律——"共和国 6728 号法案"及其修订稿"共和国 8545 号法案"（也称"扩大对私立教育学生、教师的政府补助法案"），向私立教育学生和教师提供政府补助和适当资助。20 世纪 90 年代以来，政府对私立学校收费上涨标准虽有所限制，但与此同时却逐渐加大了对高等教育的资金投入，2001—2004 年共投入了 799 亿比索以发展高等教育。

韩、马、菲三国私立院校所占比例均在 85% 以上，在校生数有的高达 74%，这种发展态势与各国的高等教育发展政策、经费政策和管理政策是分不开的，政府的经费资助政策，更是私立高等教育发展、稳定与否的"晴雨表"。从三国私立高等教育发展政策的演变与其私立高等教育机构数变化的对比可以发现：私立高等教育发展与政府的经费政策，尤其与其多元化教育投入体系的建立有着较强的联系。那么，这三个国家在扶持本国私立高等教育发展过程中，有着什么样的特点和趋势？政府是如何通过财政资助，间接控制、引导私立高等教育的发展方向与重点的呢？对这些问题的回答，必须从分析韩、马、菲三国私立高等教育经费来源入手。

## 三、韩、马、菲三国私立高等教育经费政策的特点与发展趋势

### （一）多元化的教育投入体系

韩、马、菲三国私立院校的经费来源主要包括学生学费、政府资助、社会捐赠以及其他收入等，但国别不同，各个部分所占比例也有所不同。

1. 学生学费

这三个国家私立院校收费一般都比国、公立院校高很多。韩国大学的学费是由入学注册费、学习费、期成会费三部分组成的，其中入学注册费只有新生交纳，带有入会的会费性质。历史地看，韩国对其学费政策先后经历了政府统制（20世纪80年代前）、统制缓解（1981—1988年）和自律化（1989至2005年）三个时期。目前，尽管私立院校的收费水平比国、公立院校要高很多（见图3-4），但其占经费总收入的比例已从1985年的82.3%降至2002年的64.8%[1][2]。马来

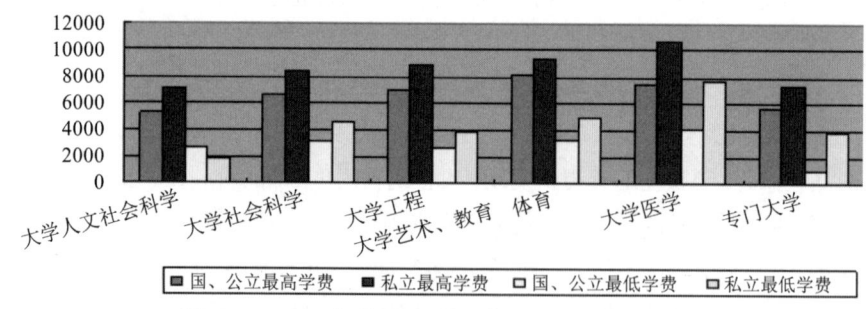

图3-4 2005年韩国国、公立与私立大学新生学费

数据来源：KEDI. Brief Statistics on Korean Education 2005[EB/OL].[2006-02-22].http://english.moe.go.kr/statistics/2005_statistics.pdf 2005.

---

① WEIDMAN J.C, Park N. Higher Education in Korea: Tradition and Adaptation[M].New York: Falmer Press, 2000.

② Education in Korea 2003—2004[EB/OL]. [2006-01-10]. http://english. moe. go. kr.

西亚私立院校收费水平因院校、学科、课程类型的不同而有所差别。一般来讲，外国大学分校以及双联课程收费相对较高，这主要是因为国外大学对其项目或课程收取一定的特权使用费，以私立院校的双联课程为例，全程学费为24000～34000林吉特，约为6300～9000美元。① 菲律宾私立高等教育机构，无论是宗教类、非宗教类的还是营利性、非营利性的，学生都要交纳学费，但不同性质的学校对学费的依赖程度不同，一些宗教类学校尽管可从其母体机构获得资助，但对学生学费的依赖程度占其运行经费的80%～90%；而非宗教类院校虽完全依赖学费，但学费没有宗教类学校高。

2. 政府资助

一般来讲，政府对私立高等教育的资助可分为直接补助和间接补助两种，直接补助又分为对学生的财政支持、对机构的一般性补助和特殊项目资助等三种类型（见表3-1）。②

表3-1 政府对私立高等教育的资助方式

| | 资助方式 | 资助内容 |
|---|---|---|
| 直接资助 | 对学生的财政支持 | 奖助学金、贷学金与混合资助 |
| | 对机构的一般性补助 | 对学校的财政拨款（基于在校学生数或毕业生数） |
| | 特殊项目资助 | 专项补助；服务性合同（对医学院的经营）；无条件性补助（对图书馆和实验室的资助），对设备建设、更新的资助等 |
| 间接补助 | | 对私立教育机构减税及其他特权（免除所得税、营业税、执照税、发行用于设备筹建的免税债券、在征用过程中运用征用权和对家长/捐赠者的税收特许权）；对基金会、商业组织做出贡献的个人减免税收等 |

资料来源：根据WEIDMAN J.C, Park N. Higher Education in Korea: Tradition and Adaptation [M]. New York: Falmer Press, 2000:115. 马陆亭. 教育投入政策的国际比较与我国改革重点 [J]. 国家教育行政学院学报，2006(12)：50 整理而成。

从三国向私立高等教育提供资助的历史来看，菲律宾最长，韩国次之，马来西亚最短。总体而言，资助额度在不断增加，类型趋于多样化。以韩国为例，从1970—1995年韩国教育财政在国、公、私立院校之间的分配情况看（见表3-2），

---

① HASSAN A.Current Practices of Malaysia Higher Education [EB/OL].[2007-11-20]. http://www.ctu.edu.vn/dhct40nam/thamluan/current%20practices.pdf.

② WEIDMAN J.C, Park N. Higher Education in Korea: Tradition and Adaptation[M].New York: Falmer Press, 2000：50.

投入私立院校的教育经费所占比例与私立高等教育在高等教育体系中所占比重基本一致,并直接引起私立院校的经费来源结构发生变化:截至2002年,政府投入占私立院校经费的比例从1985年的1%提高到3%;[1][2] 马来西亚1995年之前并未对私立教育提供直接资助,1995年后,教育部被授权向非教育部或州政府举办的伊斯兰教育机构提供由联邦划拨的财政资助,而且就读于私立院校的一些选修(selected)课程的学生也可申请政府或法定机构提供的贷款。此外还提供其他间接资助,如对基金募集活动中的捐赠实行减免税收,直接用于教学的进口器械和设备也可申请免税。菲律宾政府主要采取以下形式资助私立教育机构[3]:(1)对私立教育举办者进行补助,主要是通过政府对私立高等教育学生与教师资助(Government Assistance to Students and Teachers in Private Education,GASTPE)的教育服务合同;(2)直接对学生进行补助,主要是学费补助,此外还有奖学金和"先学后还"贷款计划等;(3)对私立非营利性教育机构进行税收减免;(4)对私立教育举办者的捐赠实行税收减免。值得注意的是,三国政府都开始把负担向商业银行或基金组织转移,由其承担学生贷款计划(见表3-3),甚至还利用国际资助计划、国际交流合作项目资助私立高等教育发展。

表3-2 1970—1995年韩国教育财政在国、公立与私立院校间的分配情况

单位:百万韩元

| 年度类型 | 1970 | 1975 | 1980 | 1985 | 1990 | 1995 |
|---|---|---|---|---|---|---|
| 国、公立 | 6566 | 25177 | 155567 | 350515 | 636580 | 1315559 |
| 私立 | 11691 | 44506 | 281258 | 939692 | 1772354 | 5132590 |
| 合计 | 18257 | 69683 | 436825 | 1290297 | 2407934 | 6450849 |
| 私立所占比重 | 64% | 63.8% | 64.3% | 72.8% | 73.5% | 79.6% |

资料来源:WEIDMAN J.C,Park N.Higher Education in Korea: Tradition and Adaptation[M]. New York: Falmer Press, 2000: 251.

---

[1] 王留栓. 亚非拉十国高等教育[M]. 上海:学林出版社,2001:50.
[2] Education in Korea 2003—2004[EB/OL]. [2006-01-10]. http://english.moe.go.kr.
[3] TAN E.A.School Fee Structure and Inflation in Philippine Higher Education [EB/OL].[2007-05-20]. http//dirp3.pids.gov.ph/silver/documents/Tan%20paper.pdf.

表 3-3　韩、马、菲政府对私立院校学生的资助计划

| 国家 | 奖学金 | 学生贷款计划（设立年度） |
|---|---|---|
| 韩国 | 无偿奖学金 | MOE 贷款计划（国、公、私立院校）（1975） |
| | 贷款奖学金 | GEPC－政府公务员计划（国、公、私立院校）（1976） |
| | 工作奖学金（相当于勤工助学） | MOE－工程学计划（国、公、私立院校）（2003） |
| 马来西亚 | MARA 奖学金计划 | 国家高等教育基金（PTPTN）（面向通过 LAN 认证的公、私立院校） |
| | 社会保险机构基金 | |
| | 青年体育部奖学金 | MARA 学习贷款计划 |
| | 政府与金融机构合作，向学生提供的奖学金或贷款。 | |
| 菲律宾 | 国家奖学金项目（State Scholarship Program, SSP） | 先学后还计划（Study Now, Pay Later Plan, SNPLP）（1976） |
| | 私立教育学生财政补助计划（Private Education Student Financial Assistance Program, PESFA） | 对卓越中心的学生贷款计划（Student Loan PLAN-Center of Excellence-COE, SLP-COE）（2000） |
| | | 面向比科尔（Bicol）地区，即 Region V 的学生贷款计划（SLP-RV）（1999） |

资料来源：根据罗道全.日韩私立大学的学费政策及其对我国的启示[J].北京教育（高等教育版），2004（7-8）:66.KITAEV I, Nadurata T, Resurrection V, Bernal Student Loans in the Philippines: Lessons from the Past[M].Bangkok:UNESCO Bangkok/IIEP,2003. 整理而成.

3. 社会捐赠及其他

虽然韩国的私立高等教育历史较悠久，但社会捐赠的风气并不浓厚，20世纪80年代前一段时期，政府甚至禁止私立院校接受捐款或赞助金。1988年，私立院校收到的捐赠只占其经费来源的7.6%,[①]2002年，这一比例提高至16.7%。[②] 在菲律宾，通常只有部分高质量的学校才能得到捐赠，且捐赠数额极其有限，这主要是因为菲律宾政府对捐赠的激励不够，对于企业来说，逃税比通过捐款减少税收更方便、更有效。[③] 因此，社会捐赠在私立院校发展中的作用微乎其微。

---

① WEIDMAN J.C, Park N. Higher Education in Korea: Tradition and Adaptation[M]. New York: Falmer Press, 2000.

② Education in Korea 2003—2004[EB/OL].[2006-01-10]. http://english.moe.go.kr.

③ TAN E.A.School Fee Structure and Inflation in Philippine Higher Education [EB/OL].[2007-05-20]. http//dirp3.pids.gov.ph/silver/documents/Tan%20paper.pdf.

马来西亚私立院校得到社会捐赠的情况较为乐观，这主要是私立院校协会组织自发而为的结果，尽管其覆盖面很小。20 世纪 90 年代前后，迫于竞争的压力，马来西亚出现了代表不同私立高校利益的机构，即全国私立教育学府公会（National Association of Private Independent Educational Institutions，NAPIEI，20 世纪 80 年代末）、马来西亚私立学院和大学协会（Malaysian Association of Private Colleges and Universities，MAPCU，1997 年）和马来西亚私立高等教育机构联盟（Gabuugan Institusi Pendidikan Tinggi Swasta Bumiputera，GIPTSB，2000 年）。一些私立院校协会向其成员提供奖学金等形式的赞助，以 MAPCU 为例，该组织的奖学金计划是由前教育部长于 1999 年发起并实施的，至 2002 年，其会员已陆续收到 400 万林吉特的资助。此外，该组织与新海峡时代（New Straits Times）联合实施一项奖学金计划——NST-MAPCU，2006 年，来自 15 个会员院校、不同专业领域的 113 名学生收到 240 万林吉特的奖学金；2007 年，NSTMAPCU 提供的奖学金金额为 174 万林吉特。该计划对学生有严格的要求：所有课程必须在国内完成，而且仅限于学位层次或文凭、高级文凭课程等。此外，各种私立或准公共基金会也会向私立院校学生提供奖学金与贷款等形式的资助。[①]

从上述三个国家私立高等教育的经费来源构成来看，尽管与国、公立院校相比，私立高等教育还存在不同程度的经费问题，但值得肯定的是，在国家政策的引导下，它们都已形成相对多元的经费来源体系，只是其内部比例构成，包括公共投入和社会投入各有所侧重。以韩国为例，2002 年，高等教育的经费投入占 GDP 的 2.2%，公共投入仅占 0.3%，私人投入占 1.9%，同年马来西亚和菲律宾的公共投入分别占 GDP 的 2.7% 和 0.4%。[②] 多元化的教育投入体系表现出全社会对私立高等教育发展已达成共识，即重视并支持其发展。

### （二）私立高等教育地位直接影响经费政策

三国私立高等教育的发展历程显示，国家对私立高等教育地位和作用的认识、评价以及政府的行为准则，代表着国家对私立高等教育的根本态度。国家的

---

① 资料源自马来西亚私立大学及学院联合会网站（www.mapcu.com）、联合国教科文组织网站（www.unesco.com）、经济合作与发展组织网站（www.oecd.com）的相关信息，访问时间：2007 年 1 月 22 日。

② 资料源自联合国教科文组织网站（www.unesco.com）、经济合作与发展组织网站（www.oecd.com）的相关信息，访问时间：2006 年 11 月 20 日。

发展政策既规范了政府的行为,也引导或抑制了私立高等教育的发展。而私立高等教育的地位,尤其是其法律地位的高低以及落实情况直接影响着政府对私立教育的经费政策,它决定着政府是否向其提供资助,资助额的大小以及资助的连续性和稳定性。

以韩国为例,早在1963年《私立学校法》中就规定中央和地方两级政府应对私立学校提供适当资助,这直接使私立高等教育的发展未因自由放任政策的终结而停滞。但此后的专门大学由于未被当时政府所承认,在数量上锐减,从1965年的34所减至1975年的10所。[①] 马来西亚"1995年教育法"和"1996年私立院校法"出台后,政府开始向一些私立院校提供联邦划拨的财政资助,极大地促进了私立高等教育的发展:1995年,马来西亚还没有一所私立大学,但2005年却已发展到27所。

菲律宾私立高等教育的发展也随着其法律地位的变化而变化。虽然1968年就建立了"资助私立学校基金会","1972年教育发展令"也提出要资助私立学校,但是直到"1982年教育法"颁布后,政府还把私立学校视为公立学校的补充,较低的法律地位使得私立高等教育一直发展缓慢。然而随着政府在"1987年宪法"中承认公、私立院校在教育体系中的互补作用,并对其完全用于教育目的的收入实行免税等优惠措施后,私立高等教育的发展速度明显加快。

（三）实行以生为本,以质量为导向的经费政策

私立院校的生存之道在于如何制定合理的收费标准,并提供相称的教育服务,包括其特色或质量。因此,以生为本、重视质量是韩、马、菲三国政府制定经费政策的着眼点。

首先,就收费水平而言,收费水平的最终决定权,包括其上涨幅度掌握在政府还是私立院校自身手里,不仅体现着政府对私立高等教育的发展政策与控制程度,还直接关乎学生的切身利益。韩国政府在不同时期对私立大学的学费政策均比较宽松,但政府也曾因物价上涨,为保障低收入阶层子女的受教育机会而一度严格控制私立学校的学费上涨标准;马来西亚虽然没有对私立院校的最高收费标准做出硬性规定,但规定收费水平必须合理,必须与其开设的课程、提供的设施设备相一致;菲律宾政府不同时期对私立高等教育的学费政策不大相同。

---

① 王留栓. 亚非拉十国高等教育[M]. 上海:学林出版社,2001:47.

1970 年以前菲律宾政府对私立学校收费标准基本不予干预，1974—1982 年，规定学费上涨幅度不得超过 15%，1982—1992 年取消了 15% 的限制，但还受到教育文化体育部有关规定的约束，1993 年则取消了对私立学校收费标准的限制，但 1994 年高等教育委员会（CHED）成立后又开始限制私立院校的学费上涨标准。2006 年，CHED 允许私立学校的学费上涨 7.6%（与菲律宾的通货膨胀率基本持平），否则将不予以批准，而且强调增长学费的 80% 应当用于学校教师员工。[①] 毋庸置疑，这一规定在某种程度上保障了学生的利益。

在质量方面，韩、马、菲三国均实行基于质量认证评估结果的政府资助政策。韩国"BK21 计划"的实施就是一个典型例子，全国范围内公开选拔大学，尤其是研究生院，并于第一阶段提供 12 亿美元的财政资助，以提升韩国高等教育的国际竞争力；马来西亚国家认证委员会（LAN）为提高私立高等教育质量，在提供经费预算补贴私立院校评估费用的同时，还于 1998 年专门设立国家高等教育基金，向就读于获得认证的私立院校的学生提供贷款；菲律宾高等教育委员会也以收费标准的设置、学生和教师的政府或基金补助优先获得权等诸多好处，鼓励私立院校积极参加认证。

（四）明晰教育产权，因势利导促进非营利性机构的发展

韩、马、菲三国政府不仅尊重私立教育的属性，承认私立学校的法人地位，而且在允许营利性私立教育机构存在的同时，对非营利性机构做出更优越的制度安排。即便在"谁受益，谁负担"已逐渐被世界大部分国家认可的情况下，三国政府仍在以税收减免优惠等形式鼓励社会捐赠的同时，继续依法向私立院校提供多元化的财政资助。

韩国政府早在 1963 年《私立学校法》中就承认私立学校具有私立学校基金法人地位，20 世纪 70 年代区分营利法人和非营利法人，并修订《税收减免法》，对私立学校的法人税、所得税、财产再评价税等实行免税，通过税收减免优惠、给予财政补贴等方式减轻私立大学的财政负担，促进私立高等教育的发展；马来西亚私立院校也有营利性和非营利性之分，大部分私立学院为营利性的，一些政党、宗教组织和慈善组织创办的私立学院则是非营利性的；菲律宾"1982 年教育法"曾规定所有私立教育机构必须是非股份、非营利性的，结果严重挫伤了办学

---

① CYNTHIA D.B.Editor's Note[N]. The Philippine Daily Inquirer, 2006-05-14.

者的积极性,很快就得到纠正。"1987年宪法"规定:"股份制和非股份制学校完全用于教育目的的收入,按照有关法律规定免于征税","所有补助、捐赠或者是真正、直接和全部用于教育的应该免税",此外还规定,股份制学校的股息分红和再投资按法律规定进行。对马来西亚来说,允许营利性部门的存在,不仅可以弥补公立部门供给之不足,向社会提供更多的教育机会,还担当着外汇创收的重任;而对于韩国、菲律宾这样具有悠久宗教办学传统的国家来说,其对非营利性机构的制度安排也为吸引社会捐赠、解决私立院校经费危机提供了可能。可见,政府在私立高等教育的发展过程中,必须明晰教育产权,才能使其在高等教育系统中发挥应有的作用。

## 第二节 韩国私立大学的重组改革

韩国是世界上私立高等教育最为发达的国家之一,私立高等教育也是韩国实现高等教育大众化乃至普及化的中坚力量,并为民族经济的发展培养了大批优秀人才。但是,随着高等教育适龄入学人口的下降,主要经费来源依赖于学生学费的私立大学开始面临诸多挑战:教育质量下滑,学校财政危机,甚至有部分私立大学不得不关闭而退出高等教育市场。因此,政府如何通过立法或制定政策妥善解决私立高等教育的退出机制等问题,成为私立高等教育改革的重点。本章节拟对韩国私立大学重组改革的背景、法律依据与管理策略以及存在的问题进行探讨。

### 一、私立大学重组改革的背景

#### (一)高等教育规模持续扩张,教育质量下滑

在过去几十年里,韩国高等教育发展取得了很大进步。表3-4显示了30余年间韩国高等教育规模扩张的状况:高等教育机构数从1970年的142所增加到2004年的411所,增长了1.89倍;同期在校生数从20.1万人增加到355.5万人,增长了16.7倍。与此同时,教师数则从1970年的10435人增加到2004年的6.3万人,仅增长了5倍。由此可见,学生数增长的速度远远超过教师数增长的速度,

生师比提高了 2 倍多,即从 1970 年的 19.30∶1 提高到 2004 年的 59.8∶1。

表 3-4　韩国高等教育规模扩张的状况(1970—2004 年)

单位:所、人

| 年度 | 学校数 | 学生数 | 教师数 | 生师比 |
|---|---|---|---|---|
| 1970 | 142 | 201436 | 10435 | 19.3∶1 |
| 1975 | 205 | 238719 | 11416 | 20.9∶1 |
| 1980 | 243 | 601494 | 20900 | 28.8∶1 |
| 1985 | 262 | 1277825 | 33895 | 37.7∶1 |
| 1990 | 265 | 1691681 | 41920 | 40.4∶1 |
| 1995 | 327 | 2343894 | 58977 | 39.7∶1 |
| 2000 | 373 | 3363549 | 56903 | 59.1∶1 |
| 2004 | 411 | 3555115 | 62631 | 56.8∶1 |

数据来源:.KEDI. 韩国高等教育简要统计 [EB/OL].[2006-04-06]. https://www.kedi.re.kr/khome/main/webhome/Home.do.

与国立、公立大学相比,私立大学的生师比更是居高不下。以 2004 年为例,私立大学的生师比为 34.5∶1,专门大学更高,为 77.1∶1(详见表 3-5)。教育质量的下降,不仅损害了大学的社会声誉,还直接影响到大学的招生,尤其是私立大学表现得更为明显。

表 3-5　2004 年韩国各类私立院校的生师比

单位:所、人

| 分类 | 学校数 | 学生数 | 教师数 | 生师比 |
|---|---|---|---|---|
| 大学 | 145 | 1439297 | 34502 | 41.7∶1 |
| 专门大学 | 143 | 858842 | 11141 | 77.1∶1 |
| 产业大学 | 10 | 102143 | 1144 | 89.3∶1 |
| 技术大学 | 1 | 196 | 0 | — |
| 综合学院 | 5 | 1153 | 35 | 32.9∶1 |
| 计算机学院、大学 | 17 | 39450 | 297 | 132.8∶1 |
| 企业大学 | 1 | 62 | — | — |
| 研究生院 | 28 | — | — | — |
| 合计[②] | 350 | 2634069 | 76260 | 34.5∶1 |

资料来源:

① CHOI J.Y.Country Report: South Korea[EB/OL].[2006-01-02]. http://www.unesco.or.kr/kor/activity2005/ed/data_wche/CountryReportK orea.doc.

② "合计"一栏的数据系根据 KEDI 韩国高等教育简要统计 2004( https://www.kedi.re.kr/khome/main/webhome/Home.do,访问日期:2005 年 11 月 20 日)计算所得。

## (二)适龄入学人口下降,生源竞争加剧

目前,韩国高等教育已进入普及化阶段,这使得高等教育的发展空间日益缩小。2000年由于高中毕业生的减少,韩国高等教育进入了一个不确定期。据报道,33%的私立四年制大学注册人数比政府制定的入学定额减少了20%。[①]1998年的人口统计结果也表明,18~21岁的人口将会从2000年的327.8万人减少到2020年的233.6万人,到2030年将进一步减少至151.1万人。[②]适龄人口的大幅度下降,必将导致大学对有限生源的竞争更加激烈。对于主要经费来源依赖于学生学费的私立大学来说,生源的减少,无疑会使其陷入财政危机,尤其是那些坐落在首都以外、生源和财政环境改善方面均不占优势的地方性私立大学更是如此。从最近几年新生入学定额的减少,就可以直接看到适龄入学人口的下降对私立大学的影响。

从表3-6我们可以看到,2003—2005年,私立大学新生入学定额的减少幅度远比国立、公立大学大得多。2004年,大学新生入学定额比2003年减少了8364人,其中私立大学减少了8342人,占全部减少人数的99.7%,尤其是专门大学类型,减少幅度十分明显;2005年,私立大学的新生入学定额又比2004年减少了15121人,占全部减少人数的78.8%,尽管比例有所下降,但绝对数反而从2004年的7749人增加到2005年的11898人。由此可见,适龄入学人口的下降对韩国私立大学的发展是一个不可回避的问题,政府有必要对私立大学的退出机制给予政策、制度层面的妥善安排。

表3-6 大学新生入学定额的变化(2003—2005年)

单位:人

| 分类 | | 新生定额 | | | 增加(+)/减少(-) | |
| --- | --- | --- | --- | --- | --- | --- |
| | | 2003 | 2004 | 2005 | 2003/2004 | 2004/2005 |
| 本科大学 | 国、公立 | 153106 | 153380 | 150746 | +274 | -2634 |
| | 私立 | 301192 | 300353 | 295645 | -839 | -4658 |
| | 合计 | 454298 | 453733 | 446391 | -565 | -7292 |

---

① ALTBACH P.G, Umakoshi, T.Asian Universities: Historical Perspectives and Contemporary Challenges[M]. Baltimore and London: The Johns Hopkins University Press, 2004:167.

② CHOI J.Y.Country Report: South Korea[EB/OL].[2006-01-02]. http://www.unesco.or.kr/kor/activity2005/ed/data_wche/CountryReportK orea.doc.

续表

| 分类 | | 新生定额 | | | 增加（+）/减少（-） | |
|---|---|---|---|---|---|---|
| | | 2003 | 2004 | 2005 | 2003/2004 | 2004/2005 |
| 专科大学 | 国、公立 | 11754 | 11458 | 10023 | -296 | -1435 |
| | 私立 | 276173 | 268720 | 258257 | -7453 | -10463 |
| | 合计 | 287927 | 280178 | 268280 | -7749 | -11898 |
| 合计 | 国、公立 | 164860 | 164838 | 160769 | -22 | -4069 |
| | 私立 | 577365 | 569023 | 553902 | -8342 | -15121 |
| | 合计 | 742225 | 733861 | 714671 | -8364 | -19190 |

数据来源：

① KEDI. 韩国高等教育简要统计 2004 [EB/OL]. [2006-04-06]. https://www.kedi.re.kr/khome/main/webhome/Home.do.

② KEDI. 韩国高等教育简要统计 2005 [EB/OL]. [2006-04-06]. https://www.kedi.re.kr/khome/main/webhome/Home.do.

### （三）经费来源日益紧张，抗风险能力弱

韩国私立大学的经费来源主要有学生交纳的学费、政府财政资助、社会捐赠以及其他教育外收益等，但经费来源严重依赖学生学费，其他部分所占比例很小，其经费结构抗风险能力弱。

首先从学生交纳的学费来看，韩国私立大学的经费收入很大程度上依赖于学生交纳的学费。1998年，学生学费占私立大学整体经费来源的63.2%，而且有许多私立大学对学费的依赖程度甚至高达95%；2000年，对于许多私立四年制大学来说，学生学费占全部收入的比例已上升到78%。① 其次，从政府财政资助来看，韩国政府对私立大学的财政资助极其有限。1989年以前，政府并不向私立高校提供直接的财政资助，而且还进行严格的控制；1990年，政府首次对私立四年制大学进行财政资助，资助额大约占整个教育财政的0.29%，1997年这个比例上升到0.76%。但是这些资助的分配是非均衡的，其中54%划拨给了124所私立大学的前10名。② 第三，从私立大学接受的社会捐赠来看，由于私立大学通常

---

① KIM S.B, Kim S.W.Private Universities in South Korea [J].International Higher Education, 2004(37): 21.

② LEE S.H .Korean Private Higher Education Faces Economic Crisis [J].International Higher Education, 1998 (13): 19.

被社会公众认为是营利性机构,所以来自社会捐赠的渠道并不乐观,只有几所著名大学能够比较成功地从校友会和大公司那儿获得捐赠。1997年12月以后,受亚洲金融危机以及世界货币基金组织(IMF)取消对韩国教育资助的影响,私立大学接受社会捐赠变得越来越困难。第四,从教育外的其他经营性收入来看,只有为数很少的大学——如延世大学和汉阳大学等——有营利性公司,可以从房屋出租和资产经营活动中筹措到资金。因此,就韩国私立大学整体而言,大部分私立大学的经费来源主要还是学生交纳的学费,生源的减少,无疑会使私立大学的经费结构变得更加脆弱。

此外,由于私立大学与国立、公立大学在专业设置、组织结构、管理甚至办学目标上的趋同性,也加剧了私立大学的生存危机,尤其是那些办学历史短的大学。面对生源的减少,私立大学不得不寻找可行的策略以增强生存能力,但仍有一些学校难以维持下去,只好关闭。比如,1998年3月,坐落在首都的一所私立综合性大学破产,还有一些私立大学也处于破产的边缘。同年7月,政府决定永久性地关闭两所私立四年制大学,理由是它们出现了严重的财政赤字,而且学术管理不善。[①]

## 二、私立大学重组改革的法律依据与管理策略

教育质量的下滑、生源的减少,使得私立大学发展困难重重。一些私立大学难以维持下去,被迫与其他大学合并,或者宣布破产,从高等教育市场中退出。对于那些严重依赖于学生学费的私立大学来说,退出机制的缺失不仅损害私立高等教育的举办者、经营者、教师、学生及其家庭等诸多利益相关者的利益,还引发了一系列的问题。因此,韩国教育人力资源部认识到,为确保有效的管理,必须对私立大学的退出机制进行规范。而私立大学,尤其是同一法人实体经营的私立大学,也在积极寻求合并与兼并等重组改革,希望借此增强生存能力。社会公众在关注高等教育质量的同时,要求对高等教育机构进行重组改革的呼声也越来越高。

---

① LEE S.H.Korean Private Higher Education Faces Economic Crisis[J].International Higher Education,1998(13):19.

## （一）法律依据

韩国的《高等教育法》和《私立学校法》对大学的关闭等均做出了规定。韩国《高等教育法》第 62 条规定，"当学校出现学校校长或设立、经营者因故意或严重过失，违反本法规或依据本法规指定的相关命令；学校校长或设立者、经营者多次违反本法规，或依据其他相关教育法制订的教育人力资源部长官令；除休假时间外，连续 3 个月以上未能进行教学等三种情况中的任何一项，导致学校不能维持正常运营时，教育人力资源部长官可命令该校的学校法人关闭学校。"同法第 63 条规定，"对未能获得学校或分校设立许可就使用学校名称或进行招生，并在事实上以学校形式运营设施的学校，教育人力资源部长官可命令其关闭学校或设施，但应举办听证会。"[①] 但对大学关闭后的遗留问题，并未做详细规定。

与《高等教育法》相比，《私立学校法》对私立大学的退出机制则做出了详细的规范，也更具有针对性。《私立学校法》第 5 节的第 34 条规定，根据以下事由解散学校法人，即"发生条款规定的解散事由；无法达成设立目的；与其他法人合并；破产"等四项中的任何一项时；或者"教育人力资源部长官认为学校存在以下事由：1. 违反设立许可条件；2. 不可能达到设立目的时，也可以发布解散学校法人的命令，但须听取有关方面的意见。"[②] 这就为私立大学的退出机制提供了法律依据，同时该法也对私立大学的退出机制与办法做出了一定的宏观制度上的安排，如合并的程序、解散原因及解散后剩余财产的归属问题等。

## （二）重组的基本模式

与国立大学的合并、兼并不同，教育人力资源部对私立大学采取了不同的标准和方案。政府鼓励私立大学自行进行重组改革，并为其改革提供宽松的政策环境。2005 年，教育人力资源部为了使私立大学的合并、兼并等重组改革更具有可操作性，还制订了几种合并、兼并模式[③]，并对各种模式提出了相应的要求。

---

① 韩国高等教育法 [EB/OL]. [2019-03-04]. http://www.chinaedukr.org/publish/portal109/tab5125/info92091.htm.

② 韩国私立学校法 [EB/OL]. [2019-03-04]. http://www.chinaedukr.org/publish/portal109/tab5125/info92084.htm.

③ ADMIN.Plans to Induce the Merger and Acquisition of Private Universities [EB/OL]. [2005-12-07]. http://englishi.moe.go.kr/board/brd_svr_read.jspsrchSel=&srchVal=&brd_no=52& cp=1&brd_mainno=270.

模式一：大学与大学、专门大学与专门大学的合并与兼并。具体要求是：减少学生定额；采用全职教师名额的年度标准；改善合并后大学的教育环境。

模式二：同一地区、同一法人实体经营的大学和专门大学的合并与兼并。具体要求是：削减专门大学60%的入学定额；采用全职教师名额的年度标准；改善合并后大学的教育环境，并拟定允许大学自主决定入学定额的方案。

模式三：同一地区、同一法人实体经营的产业大学、专门大学合并为大学。具体要求是：削减产业大学25%、专门大学60%的入学定额；采用全职教师名额的年度标准；改善合并后大学的教育环境，如确保充足的校园植被和师资力量，并对经营伊始的资产进行评估等。

为确保政策的贯彻与落实，韩国政府于2005年10月25日还特别修订了设立和经营私立大学和学院的法律法规，并向私立大学提供一定的财政资助。但同时政府也明确表示，不再对合并后私立大学的结构调整提供额外的财政资助。

（三）具体改革举措

面对教育质量的下滑和财政危机，早在20世纪90年代，政府和私立大学就已经不得不考虑采取可行性措施以度过危机，但还只局限于大学内部。比如，政府促使私立四年制大学进行改革，调整学术系科，合并为一个比较大的科类；要求每所私立大学都要有自己的特色，包括结构、管理、课程等。为推动改革，政府还向其提供财政资助，进行奖励。随着大学内部学术管理改革的深化，政府还鼓励一些私立综合性大学设置新的专门研究生院，开设课程，主要包括医学、工程学、教育和法律等适应社会需求、比较热门的专业领域。

近年来，私立大学的重组改革经常被提上政府的重要议程，政府接连出台了一系列政策，推动大学之间的合并、兼并等重组改革。2004年12月28日，韩国政府宣布"大学重组计划"，旨在提高韩国大学的竞争优势，该重组计划主要是对大学的重组改革进行财政资助；2005年，教育人力资源部更是把大学的重组改革作为一项重要任务来抓，比如，2005年5月4日，教育人力资源部制定了2005年度的详细计划，支持大学的改革进展；同年7月4日，教育人力资源部宣布，首都首尔市2007年私立大学的学生入学定额将削减10%，这一计划使包括梨花女子大学、延世大学、韩国大学、汉阳大学等7所私立大学在内的学生数减少了3170人，其中梨花女子大学计划削减定额为396人，延世大学为393人，韩国大学为 398 人，汉阳大学为 564 人。[①] 对于优秀私立大学来说，教育人力资源部这么大的举措还是第一次，而对于这一举措，私立大学也积极响应，因为教育人力资源部态度明确，如果私立学校不积极参与大学重组计划，政府将不会向它们提供资助。2005 年 8 月，教育人力资源部还讨论了是否向那些规模缩小的大学提供财政资助以及具体的额度等问题。

与此同时，2005 年年底，教育人力资源部还制订了 2005—2009 年私立大学应达到的全职教师名额年度标准。从表 3-7 我们可以看到，教育人力资源部在缩减学生定额的同时，要求提高大学全职教师所占的比例，即：降低生师比，提高私立大学的质量。另外，政府为了对那些向财政资助项目如"新大学区域创新计划"（New University for Regional Innovation, NURI）和"21 世纪智慧韩国计划"提出申请的私立大学进行评估，还向社会公布了详细的计划，以便反映它们为特色化而主动进行改革的努力。

表 3-7　2005—2009 年全职教师名额年度标准（不包括医学类）

单位：%

| 类别 | 2005 | 2006 | 2007 | 2008 | 2009 |
|---|---|---|---|---|---|
| 大学（研究型 research-oriented） | 55.0 | 57.5 | 60.0 | 62.5 | 65.0 |
| 大学（学术型 academic-oriented） | 54.5 | 56.0 | 57.5 | 59.0 | 61.0 |
| 专门大学/产业大学 | 40.0 | 42.0 | 45.0 | 48.0 | 50.0 |

资料来源：ADMIN. Plans to Induce the Merger and Acquisition of Private Universities [EB/OL]. [2005-12-07].http: //englishi.moe.go.kr/board/brd_svr_read.jspsrchSel=&srchVal=&brd_no=52& cp=1&brd_mainno=270.

上述标准将在所有的财政资助项目中有所体现，2009 年不能达标的大学将被减少学生定额。而且从 2006 年开始，生师比（包括助手和访问教授在内）超过 40∶1 的大学也会被取消获得政府各种财政资助的资格。尽管政府对私立大学重组所采取的经济奖罚措施引起了很大的争议，但改革还是取得了一定的成效。截至 2005 年 12 月，已有四所私立四年制大学和专门大学成功合并为两所，另外

---

① ADMIN.University Reform and M&A [EB/OL]. [2005-10-26]. http: //englishi.moe.go.kr.

两所大学的合并方案正在评估中。

### 三、私立大学重组改革中存在的问题

重组改革对私立大学自身的生存与发展至关重要。但是，私立大学自身的复杂性以及韩国政府把重组改革作为私立大学争取财政资助之先决条件的做法，使这项改革存在以下主要问题：

第一，就大学自治而言，重组改革弱化了私立大学的自治基础。尽管政府对国立、公立和私立大学采取不同的政策，鼓励私立大学自行进行重组改革，政府也宣布要对私立大学的自治实行资助政策，并宣称支持私立大学所做出的自治决定，如采取新的划分制度、设立新的专门学校等等，但是在政策实施过程中，由于把重组改革与政府财政资助挂钩，使得私立大学为了尽量减少来自政府的任何潜在不公平待遇，不得不接受政府的建议。政府制定的政策与政策实施过程的不一致，弱化了私立大学的自治基础，而私立大学重组改革的真正实现则需要大学的真正自治。

第二，私立大学在重组改革中存在非理性行为。一般来说，面对生源减少，私立大学的最佳选择是与一所经济条件较好的大学合并。但是，韩国私立大学有非营利性大学和营利性大学两种类型，不同类型的私立大学对重组改革所采取的策略是不同的。对于私立非营利性大学来说，主要的利益相关者（如学校举办者和董事会主席）一般会阻止与其他大学合并，因为只要举办者还控制着学校的董事会，他就可以从机构运作中获得利益，如工资收入、学校房舍的使用权等；如果对学校失去控制，其经济状况就会受到严重影响。而对于私立营利性大学来说，学校法人为了追求利润，当学校财政难以维持下去时，一般会选择与其他大学合并，因此，像私立非营利性大学的这种非理性行为会大大减少。

第三，国立、公立和私立大学的办学模式存在趋同现象。在韩国，除了国立、公立大学完全由政府资助这点之外，国立、公立和私立大学之间没有根本性差别，专业设置都是朝综合化方向发展，并未考虑到各自的地理位置、生源和学生的层次等，尤其是大学使命的不同。因此，从长远的发展考虑，私立大学应该以这次重组改革为契机，重新定位自己，尤其是在学费政策、教师聘任、招生政策、

课程研发和内部管理等方面做出重大调整,努力提高办学质量和社会声誉,以重新获得公众的信任和支持。

## 第三节 马来西亚私立高等教育

马来西亚的私立高等教育虽起步较晚,但发展迅速。从20世纪80年代开始,马来西亚政府逐渐采取较为开放的私立高等教育发展政策,鼓励私立部门在高等教育供给方面扮演重要角色。目前,马来西亚私立高等教育国际化进程不断加快,已经成为亚太地区重要的教育输出国。

### 一、马来西亚私立高等教育评估认证制度

马来西亚作为国际高等教育质量保障机构网络(International Network for Quality Assurance Agencies in Higher Education,INAQAAHE)的分支组织——亚太地区质量组织(Asia-Pacific Quality Network,APQN)的成员之一,为了打造区域优质教育中心,发展教育产业,一直对提高高等教育,尤其是私立高等教育的质量紧抓不懈,并先于公立教育部门设立了国家质量保障机构,重视并加强对私立高等教育质量的外部监控。与此同时,私立院校自身也比较重视院校内部的质量管理、质量评估和提高。本章节拟对马来西亚私立高等教育的评估认证制度,包括其建立与发展、评估认证程序、指标及其缺陷、特点等诸多方面进行探讨。

#### (一)评估认证制度的建立与发展

1996年以前,马来西亚所有的教育活动都是根据1961年颁布的《教育法》进行管理的,私立学校的注册与管理方式也不例外。《教育法》规定,在马来西亚开办的一切教育机构都要取得教育部学校与教师首席注册官的批准,[①] 只要注册机构获得批准,有经营场所和教师来开设专业或学术项目即可,并没有就其所提供的教育质量制定标准,但一些私立院校还是自行开展内部质量评估,以保障院

---

① 达托·努来扎·A.哈米德.马来西亚私立高等教育的现状与未来[C]//亚太地区私立高等教育国际研讨会论文集.厦门:厦门大学高等教育科学研究所,1996:80.

校提供的学术项目的质量。然而，随着20世纪90年代初私立高等教育的大发展，私立院校存在的问题日益凸显：企业方式办学，部分学院设备不足，师资欠缺，课程设置不合理等。这些问题逐渐引起了政府的关注。1990年，政府在其颁布的《马来西亚新教育法令纲要》中明确规定，"教育部在鼓励设立私立学院的同时，要加强对私立学院师资和课程的监督，以保证质量水准。"

此后，为了进一步加强对私立高等教育的管理，1996年7月马来西亚国会通过了《国家认证委员会（National Accreditation Board，简称LAN）法》（1997年5月15日生效）。根据该法的相关规定，政府设立了"国家认证委员会（LAN）"，[①] 由LAN负责对私立院校的专业、证书、文凭、学位的标准和质量管理制定有关政策，并实行监控和认证。对于公立高等教育的发展来说，尽管其院校内部质量保障的历史比私立院校要长些，但是其官方质量保障机构的设立却比LAN的设立晚了几年，直到2001年，教育部才设立了质量保障司（Quality Assurance Division，QAD），对公立部门提供的高等教育进行监督。上述两个机构并不是完全独立的，而且随着2004年高等教育部（Higher Education Ministry）的设立，并决定成立马来西亚资格认证署（Malaysian Qualification Agency，MQA）来具体实施马来西亚资格认证框架（Malaysian Qualifications Framework，MQF），负责高等教育机构（包括公、私立院校）的发展，公、私立高等教育质量保障机构开始有融合的趋势。

LAN由一位主席领导下的9位具有学术、专业背景或来自产业界的人士构成，并由155名人员（2000年为77名）辅助，其成员要求具有特定领域的工作经验。委员会每月举行一次会议，讨论项目批准和认证的具体政策、管理和学术报告等，为制定私立高等教育质量政策出谋划策。《国家认证委员会法》对LAN的职能做了明确规定：（1）制定专业课程的质量控制和标准，以及证书、文凭和学位等方面的政策；（2）监督和评估专业课程的质量和标准，对证书、文凭和学位进行认证；（3）对《1996年私立院校法》具体规定的国家语言和必修课的成绩划分等级，作为颁发证书或授予文凭和学位的先决条件；（4）对私立高等教育机构所开设的课程进行指导，包括教育设施安排的适当性、课程或培训项目的标准与质

---

① 吴雪萍，陈澍. 马来西亚高等教育质量保障机制探析[J]. 江苏高教，2006(4):146.

量保证等,并向部长推荐,以获得部长的批准。① 为了推进评估认证工作的开展,政府每年安排 1450 万林吉特的经费预算,以部分补贴私立学校所花费的评估费用。②

（二）评估认证制度的运用与具体的操作程序

LAN 实施质量保障的程序和步骤是根据《1996 年私立院校法》和《国家认证委员会法》制定的,一般来讲,分三步到位:③

(1) 所有私立院校的新专业、新课程,必须获得教育部长的批准后方可开设。

(2) 私立院校新专业、课程开办一段时间(文凭类课程为 6 个月,学位课程为 1 年)后,必须提交一份评估报告。报告内容包括所开设课程的整体结构、师资、课程、可用的设备、管理体制以及开设课程的基本原理等,按照 LAN 就该专业制定的最低标准接受评估。《1996 年私立院校法》第 44 条第 1 款对此有明确规定"所有私立院校授予的证书、文凭和学位都必须达到最低标准",也就是说如果不能够达到最低标准,LAN 就会向高等教育部建议撤回对其所开设课程的批准,并向教育部长提交报告。因此,与对课程开设的批准一样,达到最低标准是强制性的。不过,达到最低标准并不意味着该专业已经获得正式认可。

(3) 要求专业达到认证水准。认证是按照 LAN 制定的标准,对私立院校所授予的证书、文凭和学位的正式认可。作为评估认证的较高层次,除"私立院校或者公立院校合作的'3+0'形式"外(为了保护马来西亚公众的利益,以免被他们所开设的课程误导),原则上并不是强制性的。

不同层次不同步骤的申请费用是不同的,不过,如果最低标准评估申请和认证评估申请一起提交(但批准申请和认证评估申请不允许同时提交),费用会便

---

① NORDIN M.Y.Quality Assurance in Higher Education: Benchmarking-The Malaysian Case[C]//International Conference on Quality Assurance in Higher Education: Standards, Mechanisms and Mutual Recognition. Bangkok: Bureau of Higher Education Standards, Ministry of University Affairs, 2000: 172.

② Malaysia Quality Assurance System in Higher Education [EB/OL].[2006-02-20]. http://siteresources.worldbank.org/EDUCATION/Resources/malaysia-qa-system.pdf.

③ Malaysia Quality Assurance System in Higher Education [EB/OL].[2006-02-20]. http://siteresources.worldbank.org/EDUCATION/Resources/malaysia-qa-system.pdf.

宜很多（具体费用详见表3-8）。就每门专业课程的最低标准评估申请的批准费用来说，证书和文凭层次为5000林吉特，学位层次为7500林吉特，医学、牙医和制药学则是15000林吉特。认证评估的费用更高，而且按照规定，私立院校还需要支付一定费用后才会得到认证证书：证书和文凭层次是3500林吉特，学位层次是5500林吉特。但是，若最低标准评估申请和认证评估申请一起提交，证书和文凭层次则只需4500林吉特，学位层次7500林吉特，而且在认证评估申请提交后等待批准的6个月内，私立院校还有资格拿到物质奖励，其中证书和文凭层次是4500林吉特，学位层次则是7500林吉特。即如果两个评估申请一起提交，私立院校所花费的费用刚好可以和其拿到的物质奖励相抵消，不过能够同时提交两个评估申请的私立院校并不多见。

表3-8　LAN专业评估过程的费用对照表

单位：林吉特

| 层次 | 费用 | 申请批准（DPE）* | 最低标准/批准（DPE） | 认证（LAN） | 最低标准批准和认证的共同费用（LAN） |
|---|---|---|---|---|---|
| 证书 | 申请费用 | 1500 | | 6000 | 1000 |
| | 最低标准批准费用 | | 5000 | | |
| | 认证费用 | | | 3500 | 3500 |
| 文凭 | 申请费用 | 2000 | | 6000 | 1000 |
| | 最低标准批准费用 | | 5000 | | |
| | 认证费用 | | | 3500 | 3500 |
| 学位 | 申请费用 | 3400 | | 7000 | 2000 |
| | 最低标准批准费用 | | 7500 | | |
| | 最低标准费用：医学、牙医和制药学 | | 15000 | | |
| | 认证费用 | | | 5500 | 5500 |

*DPE 私立教育局（Department of Private Education）

资料来源：马来西亚国家认证委员会 [EB/OL].[2005-11-29].http://www.LAN.gov.my/english/index2eng.htm.

开设新专业的批准、最低标准申请和认证都要由经过 LAN 培训的评估人员对私立院校开设的课程进行评估后作出，其具体评估认证过程如下：

（1）评估。LAN 记录下申请院校的早期评估情况，并指派评估人员对文件报告进行检查、核对，然后把检查结果及时通知私立院校。

（2）对私立院校的实地调查访问（开设新专业的批准不需要这一环节）。LAN 的一名官员在与私立院校共同选定的一个日期前往私立院校进行评估访问，一般会持续 2～3 天。访问期间，官员的主要活动是：与学生举行座谈会或对其进行访谈；与讲师、管理人员交谈；就 LAN 收回的问卷反馈情况与相关专业的讲师进行交流，并做出评估；参观访问学校的图书馆、资源中心和学校实验室等设备；观察讲师的指导，检查其他相关的文献材料等。

（3）LAN 举行会议，讨论决定批准或驳回申请，还是有条件的批准。LAN 的决定还要提交给私立教育局，等待部长的最后批准。[①] 尽管认证对有的私立院校来说是自愿性质的，但 LAN 为了鼓励私立院校申请认证，也会采取一些优惠政策，比如，LAN 以在官方网站公布或印刷成小册子的方式（每年两期）向社会公布批准开设的课程或通过认证的课程名单，扩大其社会影响力；对于私立院校来说，通过 LAN 的认证就意味着有权利在其广告中使用"LAN 认可"字眼，表明该私立院校一直致力于提供高质量的专业教育，可以增加学生注册人数、吸引外国留学生等；对于通过认证的学校的学生来说，可以申请国家高等教育基金会的贷款和奖学金、以学分转移的方式转入公立院校，而且通过 LAN 认证的专业证书资格为公立服务部门（Public Service Department，PSD）所认可，毕业生有资格申请公共服务部门的职位。不过，三个层次的认证证书也是有适用范围的，如有效期一般为 5 年，私立院校应该在有效期截止前及时更新；认证证书只局限于一个专业和一个校区，一个证书使用于各个校区的做法是违法的。对认证证书的使用，《国家认证委员会法》有严格的规定，只有所开设专业课程通过 LAN 认证的私立院校才有权利在其广告中使用"LAN 认可"字眼，否则，根据该法规定，违者将被处以最高 250000 林吉特的罚款，或者关押举办者一段时间（不超过两

---

① 资料来源于马来西亚国家认证委员会网站（http://www.LAN.gov.my english index2eng.htm），访问日期：2005 年 12 月 11 日。

年),或者两罪并罚。①

(三)评估认证指标及其缺陷

鉴于私立院校开设课程类型的多样化,②LAN 在参照各公立学校已使用多年,以及英国质量保障机构(QAA)和新西兰资格认证署(NZQA)等外国质量保障机构所采用的准则和标准的基础上,设计了一套属于自己的准则和标准,以评估和认证国内私立院校所开设的不同专业。1998 年 1 月,LAN 开始对私立院校所提交的专业课程方面的批准申请进行评估。项目认证的准则和标准主要包括:课程的目标和结果、课程的质量与评估、学术和支持教师、设施和学习资源、质量管理机制等五个方面。由于篇幅所限,下面仅就教师、学分、教学设施这三个重要指标进行论述。

1. 教师标准

LAN 对私立院校不同层次的任职教师的学力资格、配额、全职教师所占的比例等都有严格而明确的规定(详见表 3-9、表 3-10)。要求教师的学力资格必须至少比其任职层次高一个层次。其中开设必修课(包括马来西亚研究、伊斯兰研究、道德教育必修课)的教师必须具有所开设课程相关领域的学位;所有私立院校提供的文凭和学位层次的课程必须达到至少 60% 是全职教师。此外还要求教师经验丰富,参加专业团体和协会,具备科研指导能力,有著作发表等。对教师担任的课程门数也有详细的规定,如证书和文凭层次每个教师最多只能担任 4 门课程,而学位层次则最多 3 门。

表 3-9 私立院校专业任课教师的最低学力资格

| 层次 | 教师的最低学力资格 |
| --- | --- |
| 证书 | 学位 |
| 文凭 | 学位 |
| 学位 | 硕士 |

资料来源:国家认证委员会网站(http://www.LAN.gov.my/english/index2eng.htm),访问日期:2005 年 12 月 11 日。

---

① 资料来源于马来西亚国家认证委员会网站(http://www.LAN.gov.my/english/index2eng.htm),访问日期:2005 年 12 月 11 日。

② 马来西亚的课程分为内部课程和外部课程,其中外部课程又分为双联课程(具体包括"1+2""2+1""3+0"等形式)、学分转移课程、校外学位课程、外部考试机构课程和远距离学习课程等。

表 3-10 私立院校专业任课教师配额的最低标准

单位：名

| 层次 | 专业教师配额的最低标准 |
|---|---|
| 证书 | 4 |
| 文凭 | 7 |
| 学位 | 11（专业课程）/10（非专业课程） |

资料来源：国家认证委员会网站（http://www.LAN.gov.my/english/index2eng.htm），访问日期：2006年1月20日。

但是，私立院校为了寻求利润的最大化，都倾向于聘请大量初级的或不太合格的教师。广义上讲，教师一般分为教授、副教授或高级讲师、讲师和助教等。马来西亚有学者对全国部分公、私立院校的教师资格进行了调查，[1]结果表明：在私立院校任教的教授和高级讲师比较少，教授所占比例不到1%，副教授或高级讲师约占6%，而公立院校这两者的比例却高达8%和23%（见表3-11），而且私立院校的高级讲师一般都是公立院校的退休教师，这与公立院校比较注重科研和开发课程，而私立院校不搞科研和开设大量双联课程有很大关系。

表 3-11 公、私立学校的教师资格比较（1997/1998）

单位：人、%

| 职称 | 公立院校（a） | 百分比（b） | 私立院校（c） | 百分比（d） |
|---|---|---|---|---|
| 教授 | 244 | 8.4 | 2 | 0.4 |
| 副教授/高级讲师 | 669 | 22.9 | 29 | 5.8 |
| 讲师 | 1484 | 50.9 | 452 | 90.6 |
| 助理讲师/助教 | 519 | 17.8 | 16 | 3.2 |
| 合计 | 2916 | 100.0 | 499 | 100.0 |

资料来源：WILKINSON R. Yussof I.Public and Private Provision of Higher Education in Malaysia: A Comparative Analysis[J].Higher Education, 2005, 50(3):376.

2. 学分

以前LAN规定，修完14周（1个学期）、每周1个小时的讲座课程是1个

---

[1] WILKINSON R. Yussof I.Public and Private Provision of Higher Education in Malaysia: A Comparative Analysis[J].Higher Education, 2005, 50(3): 376.

学分，1个半小时的指导课也可算1个学分，获得学士学位需要120个学分，文凭则需要90个学分等。但是，目前的发展趋势是限制学分值，而且只局限于开设讲座课程，认为指导课只是一个提高的过程，对学生不能够造成任何实质性的负担。对获得文凭、学位的学分要求进行了调整，而且对学位层次的专业课程和非专业课程也做了具体规定（详见表3-12）。但实际操作中，有些私立院校试图赋予比规定标准更高的分值，这就意味着可以开设较少的课程，减少优秀教师数额，牺牲学生的利益。因此，还必须对每个层次所开设的课程门数进行详细规定，探讨学分及其分值才更有意义。

表3-12 对各层次课程的学分要求（包括必修课）

| 层次 | 最低学分（个） |
| --- | --- |
| 证书 | 50 |
| 文凭 | 90 |
| 学位 | 110（专业课程）/100（非专业课程） |

资料来源：国家认证委员会网站（http://www.LAN.gov.my/english/index2eng.htm），访问日期：2006年1月20日。

3. 教学设备

对校园设备的投入是评估教育质量和效率的一个重要指标，《1996年私立院校法》就规定私立院校要具有与学生数相适应的教学设备，为学生提供一个良好的学习环境。私立院校的设置基准还要求其提供IT设备，为学生提供数字图书馆，以便于进行科研、做作业和相关在线学习等，从而培养富有个性、知识丰富的IT人才，满足企业需求。作为评估认证的一个重要考察指标，LAN鼓励私立院校努力改善学习环境和师资以达到设置基准，尤其是提供丰富的图书馆等重要教育资源。但研究发现，公、私立院校每年对教室、图书馆、实验室和计算机设备的投入分配有很大的区别。[①] 其中公立院校校园投入中的约87%投向了教室和图书馆建设，而私立院校这一比例则为20%，但是对实验室和计算机等设施设备的投入却发生了逆转，公立院校的投入比例是13%，私立院校则约为80%。公立院校用于图书馆设备的资金是私立院校的4倍（见表3-13），这足以说明私

---

① WILKINSON R. Yussof I.Public and Private Provision of Higher Education in Malaysia: A Comparative Analysis[J].Higher Education. 2005, 50(3): 379.

立院校图书馆的质量比公立院校要差很多,因为对于私立院校来说,要建造一个设施很好的图书馆来与公立院校竞争非常困难,一方面它将会降低利润,另一方面,"拿来主义"形式的双联课程似乎不需要图书馆。因此,私立院校对图书馆的投入并不积极。但在实验室和计算机方面的投入,私立院校大约是公立院校的 7 倍,其主要原因是,私立院校的信息科技专业是新兴专业,而且注册人数较多,为公立院校的 4 倍。

表 3-13　公、私立学校的教学设备投入情况（1997/1998）

单位：林吉特、%

| 教学设备 | 公立院校（a） | 百分比（b） | 私立院校（c） | 百分比（d） |
| --- | --- | --- | --- | --- |
| 教室 | 19112489 | 41.0 | 344998 | 9.9 |
| 图书馆 | 21369039 | 45.9 | 365436 | 10.5 |
| 实验室 | 3411578 | 7.3 | 1315965 | 37.8 |
| 计算机 | 2708423 | 5.8 | 1451415 | 41.7 |
| 投入总额 | 46601529 | 100.0 | 3477814 | 100.0 |

资料来源：WILKINSON R. Yussof I.Public and Private Provision of Higher Education in Malaysia: A Comparative Analysis[J].Higher Education, 2005, 50(3)：379.

从上述对 LAN 评估认证指标的分析中,我们可以看出,这些评估标准在一定程度上可以反映出私立院校为提高教育质量所做出的努力,但是,认证评估开展的效果并不是很理想。据国家认证委员会透露,2003 年 500 所私立院校提供的 3000 多门课程中只有 530 门得到了认证,也就是说私立院校提供的课程中有 5/6 没有通过认证。[①] 截至 2006 年 2 月,被批准开设的课程有 3373 门,而通过认证的只有 727 门,通过率仅为 21.6%。[②] LAN 面临严峻的挑战,这不得不令人反思其评估认证指标所存在的问题与缺陷：

（1）评估标准整齐划一。以教师的标准为例,LAN 对私立院校任职教师的学力资格、科研水平、教师配额和全职教师所占比例等都有严格规定,但很多私立院校并没有完全达到上述标准,主要表现在,大批受聘教师的学力层次与其担任课程的层次相当,或者缺乏所任教课程的经验和专业技能等。这主要是因为

---

① 吴雪萍,陈澍．马来西亚高等教育质量保障机制探析[J]．江苏高教,2006(4)：146.
② LUMPUR K.Is Your Course Recognized?[N].New Straits Times,2006-02-01.

私立院校所提供的课程（如传统的学术类课程和职业技术类课程）非常复杂，课程的结构和体制差异也很大，因此，运用整齐划一的设置基准来对私立院校所开设的多样化课程进行评估认证，不仅困难，而且也不合适。

（2）评估报告的复杂性。评估报告包括所开设课程的整体结构、师资、课程、可用的设备、管理体制以及开设课程的基本原理等诸多方面的内容。另外，申请学校还要提供所开设课程的细节，包括课程的目标和大纲等非常具体的内容。因此，许多私立院校因提交报告的不完整造成评估过程不必要的推迟或中断。从2000年私立院校提交的申请来看，LAN收到的2911份申请中，大约有300份申请因为未遵照LAN所规定的格式被退回或者反馈给私立院校，令其修改。①

此外，接受LAN的评估以及通过评估获得资格认证所需要的高额费用也是一个备受质疑的问题，一些院校就因办学效益不佳，无力支付高额费用而被迫停办。这从1998年至2003年6月的认证评估情况就可以看出来，期间LAN共收到4532份课程申请，其中批准2777份，占总数的61.3%，②通过率还是比较低的。

目前，面临教育内外部的诸多挑战，LAN不得不作为一个学习型组织来不断更新质量保障标准，管理和协调不同层次和形式的高等教育机构，包括它们所开设的课程，如何达到质量保障所要达到的条件和标准等，以适应社会不断变化的需求。此外，为保障职业教育的质量，马来西亚还成立了一系列的联合技术认证委员会，委员会的成员主要由专业团体、实践人员、专家学者、公共服务部门的代表和来自质量保障组织的代表构成，其主要任务是制定项目认证标准，选拔和培训人员，建议批准或联合决定当地和外国大学开设课程的认证等。这对确保专业课程的质量、降低成本、避免人力资源的浪费都具有重要作用。③

---

① NORDIN M.Y.Quality Assurance in Higher Education：Benchmarking-The Malaysian Case[C]//International Conference on Quality Assurance in Higher Education：Standards，Mechanisms and Mutual Recognition. Bangkok：Bureau of Higher Education Standards，Ministry of University Affairs，2000：172.
② 未名.确认马来西亚大专课程——请上学术鉴定局网页查证[J].出国与就业，2003(24)：11.
③ Malaysia Quality Assurance System in Higher Education [EB/OL].[2006-02-20]. http：//siteresources.worldbank.org/EDUCATION/Resources/malaysia-qa-system.pdf.

## （四）评估认证制度的特点

从评估与认证工作的实施和发展来看，马来西亚私立高等教育的评估认证制度主要有以下几个特点：

### 1. 民间自发型与政府主导型评估认证机制相互结合

马来西亚私立高等教育评估认证制度具有民间自发型与政府主导型互相结合的显著特征，LAN 所实施的认证评估就是按照法律规定来进行的。但马来西亚也有民间性的评估机构，联合技术认证委员会就重点对职业教育的质量进行评估。此外，一些私立学院协会也会对其会员校的教育质量进行评估认证。如1998 年 8 月，针对一些高校以虚假广告招收新生所引发的问题，全国私立教育学府公会和私立学院协会联合推出一套关于广告宣传、课程管理等方面的专业操守和道德准则，建立有效的监督、自律机制。[①] 目前，马来西亚私立高等教育的质量保障已经形成民间自发型与政府主导型评估认证机制相互补充、内外部质量保障机制相结合的局面。尽管 LAN 实施评估认证只有 10 余年的历史，但进展十分迅速，截至 2000 年，LAN 已收到 2911 份申请，其中 2688 份是对"获得批准"的申请，223 份是对认证的申请。[②] 截至 2006 年 6 月，已有 167 所私立院校的 809 门课程通过了认证，每个学校所通过的门数从 1 门到 44 门不等。[③]

### 2. LAN 的评估认证遵循强制性和自愿性相结合的原则

马来西亚政府虽然不直接参与私立高等教育质量的标准制定与评估事宜，但还是在高等教育的质量保障中发挥强有力的作用，如颁布法律法规，设立官方评估机构 LAN，并赋予其合法地位和权威性；要求所有私立院校开设专业、课程必须接受教育部长的批准、达到最低标准，态度十分鲜明。但对于有些私立院校来说，尽管认证是自愿性的，政府却通过对评估结果的认可，给予获得认证的院校

---

① 李红，韦家朝.经济危机对马来西亚高等教育的冲击及其对策 [J]. 广西大学学报（哲学社会科学版），1999(5):77.

② NORDIN M.Y.Quality Assurance in Higher Education: Benchmarking—The Malaysian Case [C]//International Conference on Quality Assurance in Higher Education: Standards, Mechanisms and Mutual Recognition. Bangkok: Bureau of Higher Education Standards, Ministry of University Affairs, 2000: 172.

③ 资料来源于马来西亚国家认证委员会网站（http://www.LAN.gov.my english index2eng.htm），访问日期：2006 年 7 月 12 日。

一定的特权来鼓励私立院校自觉提高教育质量。此外,政府还对 LAN 划拨财政经费,对私立院校的评估费用进行补贴。评估认证的等级性以及强制性和自愿性相结合的原则既尊重了私立院校的权利,也促进了私立高等教育质量的提高。

3. LAN 评估工作原则性与灵活性的统一

作为质量认证机构,其评估工作的开展具有原则性。LAN 是根据学校的地理位置进行评估,因此规定每个校区都应该分别提交报告,接受评估,一个专业的证书使用于各个校区的做法是违法的,因为不同校区的教师、教学设施、管理体制都不相同。但 LAN 不是单纯对质量进行评估认证,面对评估工作遇到的障碍与困难,他们会灵活地对评估标准进行变通,如一些私立院校不按照学分规定来执行,评估小组的专家就对私立院校所提供的课程进行指导,把 LAN 的设置基准作为文件报告的基础,判断它们是否与评估认证的标准具有同等价值。

此外,随着实践的深入,LAN 对其评估认证标准也进行了局部调整,如对学分制、学术和职业课程教师的标准都进行了修改。但从保障机构的外部来看,如前所述,公、私立高等教育各自的质量保障机构有进一步融合的趋势。2002 年,主管公立高等教育质量保障工作的 QAD 和 LAN 曾联合设计了马来西亚资格认证框架(MQF),并建议成立一个合法组织来负责实施 MQF,2005 年 1 月国家高等教育委员会[①]批准了 MQF,2005 年 12 月 21 日,国会还决定设立 MQA,也就是说 LAN、QAD 和负责社区学院、工艺学校的质量保障机构有合并的趋势。为此,国家正在修订相关法案,同时起草"MQA 法案"。在以后的评估认证实践中,MQA 会具体实施 MQF,负责马来西亚整个高等教育的质量保障;提高资格认证及其术语的清晰度和一致性;指导课程发展,提高学术自治,更为重要的是增强国内外学生对马来西亚认证资格和教育机构的信心。[②]

---

① 国家高等教育委员会是政府根据《国家高等教育委员会法》(1996 年颁布)于 1996 年设立的,它是国家控制高等教育发展方向的唯一政府实体,高等教育委员会的主要职责是规划、制定国家高等教育发展的政策,确定战略方向,此外还监督公、私立院校在机构使命和学术方面的合作情况。

② Malaysia Quality Assurance System in Higher Education [EB/OL].[2006-02-20].http://siteresources.worldbank.org/EDUCATION/Resources/malaysia-qa-system.pdf.

## 二、马来西亚私立高等教育国际化

### (一)马来西亚私立高等教育发展与 WTO—GATS

世界贸易组织(WTO)的服务贸易总协定(General Agreement on Trade in Services,简称 GATS)明确地把教育,包括私立部门提供的高等教育视为一个服务领域。因此,对于 WTO 的成员国来说,WTO-GATS 势必会促使各国政府根据国际和本地区的教育发展状况,适时对国家的教育政策做出调整,以灵活应对高等教育的国际化。马来西亚于 2000 年加入 WTO,虽然在 WTO-GATS 的承诺事项中并未开放教育服务,但从其高等教育,尤其是私立高等教育的发展来看,从 20 世纪 80 年代开始,马来西亚就对教育框架进行了调整,采取较为开放的政策,进行高等教育领域的跨国实践,并逐渐探索出学分转移、双联课程和邀请外国大学设立分校等几种有效形式。从这几种形式来看,马来西亚一直在从事国际的教育服务贸易,而且几乎与 GATS 框架内的服务贸易形式完全吻合。随着这 20 余年的实践与探索,马来西亚的教育服务贸易的提供形式(见表 3-14)越来越成熟,国际化水平也越来越高。

表 3-14　马来西亚私立高等教育贸易的主要提供模式

| | | |
|---|---|---|
| 跨境交付<br>(model 1) | 远程教育、虚拟大学 | 包括传统的和虚拟的课程传输模式,但虚拟大学即 E-learning 和远程教育还比较少(1998 年才成立第一所 UNITAR 虚拟大学)。 |
| 境外消费<br>(model 2) | 出境留学、教育考察和学术访问等 | 传统的出国留学 |
| 商业存在<br>(model 3) | 外国服务商提供、经营或扩大服务范围 | 当地院校与国外大学合作,采取双联计划的形式(包括特许课程和学分转移);外国大学设立分校 |
| 自然人流动<br>(model 4) | 专家学者应聘国外提供服务 | 学者流动的复杂性,资料难以获取,其国际化水平还主要体现在学生的流动性方面 |

资料来源:根据 http://www.WTO.org/english/tratop_e/serv_e/guide1_e.htm 相关信息和马来西亚私立高等发展状况整理而成,访问日期:2006 年 8 月 20 日。

### (二)马来西亚私立高等教育国际化进程的回顾

私立院校在马来西亚的大量出现是一种新现象,其发展反映了政府对私立高等教育立场的变化,即从20世纪70年代的严格控制转向20世纪80年代和90年代中期的有控制地发展,再到20世纪末以来的规范管理与发展。马来西亚私立高等教育规模扩张的历史从某种程度上来说也就是其国际化进程逐步加快的历史:从"请进来"(吸引外国大学设立分校),满足本国学生的需要,为国家建设培养大量的科技人才,到"走出去",逐渐吸引外国留学生,把马来西亚建设成为区域优质教育中心,再到私立院校到国外设立分校,进行教育输出。马来西亚逐步完成了从学生派遣国到留学生接受国的完美蜕变。

1."请进来"(1957年独立后至20世纪80年代末)

马来西亚独立后,尽管1961年的《教育法》和1969年的《教育条例》允许建立私立学校和学院,但政府对私立高等教育的发展一直持消极态度,甚至严格控制其发展。1970年,政府开始实施新经济政策,并把高等教育的受教育权视为维持社会公平的重要手段,为此,高等教育领域也开始实施民族歧视政策,即"种族配额制",以至于非马来人无法忍受不公平的待遇,只好出国留学。再加上这一时期国家出台一项政策,规定马来语为中等教育的教学用语,对于欲出国留学的学生来说,英语水平的提高也遇到了严重阻碍。这些政策的出台客观上促进了私立院校大学预科课程的发展,而大学预科只是培训性质的,严格意义上讲,甚至还不能称之为高等教育机构,所以,这一时期马来西亚私立高等教育的发展还不成熟,国际化水平也比较低。

20世纪80年代开始,马来西亚政府逐渐采取较为开放的私立高等教育政策,允许私立院校的设立,但主要还是私立学院。在政府的支持下,私立部门积极响应,并提供学分转移和双联课程等课程形式以迎合高等教育的自由化,而学分转移和双联课程这两种教育形式刚好符合WTO-GATS规定的模式三——商业存在。1983—1984年成立的伯乐学院就是第一所为境外学习开设学分转移课程的学院,也是马来西亚学士学位层次私立高等教育的开始。20世纪80年代中期,由于世界经济不景气,马来西亚货币贬值,使得马来西亚学生前往英国留学受阻。1986年，城市学院率先与澳大利亚的大学开设学位层次的双联课程[①]。因此，从这一时期的私立高等教育发展来看，马来西亚国际化的重要表现——跨国教育在20世纪90年代之前就有所发展，经过20世纪80年代的发展，私立院校提供的课程类型趋于成型。

  2."走出去"（20世纪90年代）

  20世纪90年代初，马来西亚政府在《2020年展望》（1991—2020）中提出了要把马来西亚建设成为亚洲区域优质教育中心的宏伟目标，而此时高等教育大众化使政府在高等教育的规模扩张方面遇到了财政危机，由此，政府开始实施高等教育私有化和公立院校企业化等政策，并大力发展私立高等教育。马来西亚私立高等教育的国际化就是为实现"区域优质教育中心"目标的一个重要途径，后来的发展实践也充分证明了这是一个有效的途径。早在1994年，国会下议院通过的有关大专法令修正案中就包括允许外国大学到马来西亚开设分校，并以英语作为教学用语。从1995年开始，政府一改过去反对私人设立大学的立场，积极鼓励私人（包括外国人）投资高等教育[②]，并于1996年接连颁布了几部有关私立高等教育的法案，如《私立院校法》和《国家认证委员会（LAN）法案》等，为私立高等教育的国际化提供了发展契机。但法律归法律，外国大学开始在马来西亚设立大学分校的实践还是1997年亚洲金融危机之后的事情。1997—1998年的亚洲金融危机使马来西亚货币林吉特贬值很厉害，从以前的2.5林吉特兑换1美元提高到3.8林吉特兑换1美元，外汇损失十分严重，"每年马来西亚赴国外留学的学生损失相当于20亿林吉特的外汇"，因此很有必要鼓励学生在当地读书，以节省外汇。受亚洲金融危机的影响，大约2000名学生不得不回国在当地大学完成自己的学业。也正是从亚洲金融危机开始，政府开始削减国外马来族留学生的奖学金，1995年，获得该奖学金的人数大约为2万人，到1998年就减少到200人，使得马来西亚的出国留学生急剧下降。据当时澳大利亚的一份报纸报道，1997—1998年间，前往澳大利亚的签证申请人数下降了80%。1997年1.8万名马来西亚学生在英国留学，但到了1998年，人数就下降到1.2

---

  ① TAN A.M. Malaysian Private Higher Education：Globalization, Transformation, and Marketplaces [M]. London: Asian Academic Press, 2002: 110-111.
  ② 洁安娜姆，洪成文. 马来西亚高等教育国际化策略分析 [J]. 比较教育研究，2005（7）：85.

万~1.4万名之间[①]。

当本国学生不得不求学于国内时,这意味着国家必须提供更多的高等教育机会,而当现有的公立院校无法满足多样化的社会需求时,社会环境就为私立高等教育的发展提供了契机。这一时期私立高等教育国际化进展状况主要表现在以下几个方面。

(1)私立大学的发展。除3所私立工程大学外,其余几所私立大学都是在1998年至2000年的外汇低迷时期,受马来西亚政府的邀请而建立的,即外国大学设立的分校,如澳大利亚的摩那思大学(Monash University)、柯汀大学(Curtin University)和英国的诺丁汉大学等,这就使得1995年还没有私立大学的马来西亚到1999年发展到6所私立大学[②]。因此,从某种程度上说,国家经济大环境的变化,加快了私立高等教育国际化进程的步伐。

(2)"3+0"形式课程的推出。20世纪90年代中期以前的双联课程主要采取"1+2"或"2+1"的形式,但受金融危机的影响,许多采取双联课程形式的私立学院注册人数下降了20%~30%,其中最受打击的是那些与英国挂钩的学院。为了克服这一缺陷,一些私立学院和外国合作大学就顺势推出"3+0"形式的课程,如此一来,学生不需要去国外学习就可以拿到学位。截至1999年,已经有17所私立学院开设"3+0"形式的课程,2000年开设"3+0"形式课程的私立院校数达到了30所[③]。这样,学生就可以节省下本应在国外消费的大量费用,因此该形式的课程十分走俏,并吸引了周边国家大量的留学生。

(3)外国留学生增多。马来西亚外国留学生的增多也是金融危机带来的一个副产品。1996年只有5635名留学生,1998年留学生数已经上升到11733名,他们绝大多数来自印尼、中国、新加坡、泰国和韩国,分别就读于12所院校,因为在马来西亚获得西方的学位要比在西方便宜得多[④]。

外国大学在马来西亚设立分校以及"3+0"形式课程的顺势推出,不仅留住

---

① LEE M.N.N.The Impact of the Economic Crisis on Higher Education in Malaysia [J]. International Higher Education, 1999(1).

② TAN A.M. Malaysian Private Higher Education:Globalization, Transformation, and Marketplaces [M]. London: Asian Academic Press, 2002:131.

③ 洁安娜姆,洪成文.马来西亚高等教育国际化策略分析[J].比较教育研究,2005(7):87.

④ LEE M.N.N.The Impact of the Economic Crisis on Higher Education in Malaysia [J]. International Higher Education, 1999(1).

了本国的学生,还直接导致外国留学生的增多。从这个意义上说,亚洲金融危机客观上把马来西亚私立高等教育的国际化水平向前推进了一步。

3."走出去"的新阶段(21世纪初以来)

21世纪初以来,马来西亚私立高等教育的国际化进程仍在稳步地前进,其外国留学生数仍然在持续增加(见表3-15),而且地区间的合作也有了进一步的扩大。截至2004年,在马来西亚就读的外国留学生数为40686人,其中私立院校有25939人,公立学校6315人,留学生主要来自印尼、中国等周边国家和一些中东伊斯兰教国家。[①]

表3-15 1996—2003年马来西亚外国留学生数

单位:人

| 年度 | 1996 | 1997 | 1998 | 1999 | 2000 | 2001 | 2002 | 2003 |
|---|---|---|---|---|---|---|---|---|
| 人数 | 1296 | 5635 | NA | 15000 | 18892 | 16480 | 27731 | 30407 |

资料来源:黄建如,李三青.马来西亚留学教育的变化及其原因探析[J].厦门大学学报(哲学社会科学版),2006(6):79.

近年来,马来西亚高等教育部(MOHE)还制定了一个目标,即到2010年使外国留学生数达到10万人。2004年7月23日马来西亚政府与伊斯兰发展银行(IDB)签署的"谅解备忘录"更是揭开了马来西亚教育历史的新篇章。通过该项合作,在IDB的赞助下,马来西亚将向学生提供以下三个层次的高等教育服务:(1)向来自伊斯兰会议组织(Organization of Islamic Conferences,简称OIC)成员和非OIC成员的穆斯林团体的申请者授予学士学位;(2)向来自OIC成员的申请者授予硕士学位;(3)向来自OIC成员的申请者授予哲学博士或哲学博士后。作为使马来西亚成为区域优质教育中心的重要步骤,高等教育部还同意在4个国家设立4个教育促进办公室(Education Promotional Offices),它们是雅加达、北京、迪拜等4个比较有潜力派遣大量留学生的城市。[②]

从20世纪末开始,马来西亚一些办学质量很高的私立院校也开始积极向外扩张,在周边国家或地区设立分校(见表3-16)。可以说,其私立高等教育的国际化水平很大程度上体现在所提供的课程形式的不断丰富与发展。

---

[①] SULAIMAN A.N. Current Update of Higher Education in Malaysia [EB/OL].[2006-05-26]. http://www.rihed.seameo.org/NewsandEvents/current% 20update/pmalaysia.pdf.

[②] SULAIMAN A.N. Current Update of Higher Education in Malaysia [EB/OL].[2006-05-26]. http://www.rihed.seameo.org/NewsandEvents/current% 20update/pmalaysia.pdf.

表 3-16  马来西亚私立院校在其他国家和地区设立分校的情况

| 机构 | 亚太资讯学院（APIIT） | 思特雅（SEDAYA） | 英迪（INTI） |
| --- | --- | --- | --- |
| 位置/成立年份 | 巴基斯坦 -1998<br>斯里兰卡 -2000<br>印度 -2001 | 孟加拉国 -1996 | 中国大陆 -1993<br>中国香港 -2001<br>泰国 -2000<br>印度尼西亚 -2001 |
| 开设课程 | 计算机、商业管理、商业资讯的学士 | 工程学士 | 商业管理、计算机科学、软件工程学、艺术、会计、商业计算机、管理、市场营销学的学士；<br>商业管理、信息系统、商业基础项目、英语提高项目等方面的硕士 |

资料来源：GILL S.K. The Implications of WTO/GATS on Higher Education in Malaysia [EB/OL]. [2006-05-30]. http://unesdoc.unesco.org/images/0014/001467/146742e.pdf.

### （三）私立高等教育国际化进程加快的有利因素分析

#### 1. 国家发展政策的引导

作为教育体系中距离市场最近的一环，高等教育首先应该为国家发展培养社会急需的人才；其次，鉴于受教育程度高低也是衡量一个国家发展速度快慢的重要指标，高等教育还应该承担提高整个社会国民素质的重任。因而马来西亚的私立高等教育发展也更多地受到国家发展政策的引导，而且其"工具化"色彩也十分明显。

早在20世纪90年代初的《2020年展望》中，政府就提出要在2020年把马来西亚建设成为一个工业化国家，这就表明科技领域的毕业生应该是国家经济建设的主力军。但1993—1998年间，只有27%的大学生毕业于科技领域，与其他发达国家相比，这一比例是较低的，无法满足国家建设对科技人才的需求，急需高等教育培养大量的科技型、技术型人才。就国民受教育程度而言，早在教育发展规划（2001—2020）中对此就有明确表述，"高等教育是培养实现民族工业化所需人才的主要途径"。但截至2000年，马来西亚只有14%的劳动力接受过高等教育。基于此，马来西亚在其第八个五年计划（2001—2005）中制定了这样的目标："到2010年，17～23岁年龄段接受高等教育的人口要占到40%。"由于公立教育的空间有限，再加上国家的政策引导，为国家培养大批优秀人才便成为私立高等教育不可推卸的责任。此外，随着高等教育的国际化，马来西亚私立高等教育还额外承担了"创收外汇"的任务。据经济合作与发展组织（OECD）2000年估计，国际教育市场具有300亿美元的含金量（约为1140亿林吉特），其中美国占40%，英国占25%。[①] 面对如此巨大的国际教育市场，马来西亚也试图分得一杯羹。当高等教育被国家作为一项产业来做，成为经济发展的重要推动力时，如何把高等教育市场做强做大，开拓国际市场，从而吸引更多的外国学生愈发显得重要。马来西亚私立高等教育的国际化进程就是伴随着教育的产业化而不断加快的。

2. 公立部门发展空间受限

尽管公立部门为国家培养了大量急需的人才，但在不扩大服务、增加设施的情况下要持续培养大量学生已显得困难，这就为私立高等教育的发展提供了契机。此外，由于公立院校受政府的资助强度大，国家对其招收外国留学生的比例也大加限制，公立大学留学生的比例仅为5%，而且还多限于科技专业，社会科学和人文科学两大领域允许接收的比例仅为25%。从1995—2003年外国留学生在马来西亚公、私立院校的分布情况可以看出，1995—1997年间，公立、私立院校的外国留学生数相差无几，但之后私立院校的外国留学生数的增长速度一直高于公立院校，截至2003年，私立院校在校生数为25158人，为公立院校的4倍多。[①]

3. 制度支撑

（1）法律法规。马来西亚高等教育的国际化战略首先是有一系列的法规制度做支撑的，即国家通过一系列法律鼓励国内外的私立部门合法参与马来西亚高等教育。对于私立高等教育的国际化战略来说，影响较大、较为直接的有1994年国会下议院通过的有关大专法令修正案，1996年政府颁布的《私立院校法》、《国家认证委员会法案》与《国家高等教育委员会法案》等几个重要教育法案。尤其是《私立院校法》，它使高等教育的私有化、国际化有了法律基础：对内，该法案允许学院、大学院和私立大学的建立，批准高等教育的私有化；对外，该法案允许外国大学在马来西亚设立分校。这反映了国家进一步增强高等教育国际化趋势的愿望和努力。此外，《国家认证委员会法案》还对私立高等教育质量进行认证评估，以保证教育质量的信誉度。

（2）管理制度。为了促进高等教育的快速发展，马来西亚政府于2004年

---

① GILL S.K. The Implications of WTO/GATS on Higher Education in Malaysia [EB/OL]. [2006-05-30]. http://unesdoc.unesco.org/images/0014/001467/146742e.pdf.

3月27日专门设立了高等教育部（Ministry of Higher Education Malaysia，简称MOHE）。在这之前，只有教育部监督整个教育的发展，新设立的高等教育部专门主管高等教育，以加强对公立、私立高等教育机构与工艺学校的监督和管理，初等、中等教育仍归教育部管理。新的专门管理机构的设立表明政府更加重视高等教育的发展。

此外，为了确保马来西亚私立教育在迅速发展中迈向世界级水平，造就出具备道德观念的高级知识分子，国家对私立高等教育的发展高度重视，在马来西亚教育部下设立了私立教育局（The Department of Private Education，Ministry of Education Malaysia）。私立教育局扮演的角色主要有：①制定私立教育的方针政策；②确保私立教育能达到高水准；③批准私立学院的设立；④监督及实施私立教育法令；⑤提供专业咨询服务；⑥提供与私立教育有关的资讯；⑦向海外推广本地教育等。[1]

（3）财政制度。《国家高等教育委员会法》的颁布直接导致高等教育委员会的设立，该委员会成立后，一直致力于满足日益多样化的社会需求，向学生提供更多的教育选择机会。政府鼓励作为公立院校补充的私立院校提供更多的职业和技术方面的课程，并于1998年设立国家高等教育基金会，向就读于获得认证院校的学生提供1亿林吉特的贷款，也就是说，只有获得国家认证委员会认证的私立院校才有资格参与这项贷款计划。1999年，64125名申请者中，80%获得了批准并拿到贷款；2000年，2.9万名私立院校的学生从国家高等教育基金会那里获益。[2]

从马来西亚最早的私立高等教育机构——1969年2月成立的东姑·阿卜杜拉·拉曼学院算起，马来西亚私立高等教育已有40余年的历史，而且其国际化历史也有30余年。从20世纪80年代开始，马来西亚就积极探索跨国教育实践，从20世纪70年代的辅导中心和大学预科课程到80年代的学分转移和双联计划课程，再到90年代中后期邀请外国大学设立分校和优秀私立大学积极开拓海外

---

[1] 马来西亚教育部私立教育局[EB/OL].[2005-05-10].http：//learning.sohu.com/20000510/100048.html.

[2] MIDDLEHURST R,Woodfield S.The Role of Transnational, Private and For-Profit Provision in Meeting Global Demand for Tertiary Education: Mapping,Regulation and Impact-Case Study Malaysia[M]. Canada: Common Wealth of Learning and UNESCO, 2004: 16.

市场，开展合作办学，马来西亚私立高等教育的国际化进程在不断加快。

通过对马来西亚私立高等教育国际化进程的研究，我们可以看出，正是20世纪80年代马来西亚政府的立场与态度的转变，才为马来西亚私立高等教育的发展提供了政策、财政与制度支持，加快了其国际化进程。此外，在对高等教育进行管理的过程中，国家事实上也对公立、私立高等教育的职能与定位、所服务的种族群体做了划分，形成了高等教育的二元结构，即公立部门很大程度上是为了满足国家发展和马来族人的需要；而私立部门则是在受市场驱动的全球化推动下不断进行规模扩张，满足非马来族人的需要。这种分工明确指向了私立高等教育的产业化，而产业化又为高等教育的国际化预留了很大的发展空间。

## 第四节 菲律宾私立高等教育

私立高等教育在菲律宾高等教育系统中一直占有重要地位，并为该国的经济建设和社会发展作出了很大贡献。为了提高私立高等教育的质量，菲律宾政府在学校建设、学生学业和教师发展等方面向私立院校提供了大量资助，但资助体系本身也存在一些问题。

### 一、菲律宾私立高等教育认证制度

20世纪五六十年代，菲律宾高等教育体制比东亚的其他发展中国家或地区先进，甚至走在韩国和我国台湾地区的前面。但是此后的一系列教育指标表明，菲律宾高等教育系统愈来愈令人不满，其发展似乎处于停滞状态。尤其是近几年来，在基础教育年限仍为10年（亚洲最短）的条件下，由于高等教育大众化，注册的学生不断增加，高等教育规模（包括公立和私立院校）急剧扩张，提供的课程日趋多样化，加上国民经济衰退、投资不足、政治因素等原因，菲律宾高等教育的学术标准和机构的信誉受到严重影响。在菲律宾的高等教育系统中，私立部门一直占有重要地位，截至2005—2006年，菲律宾共有高等教育机构1599所，在校生总数243.9万人，其中私立院校（包括宗教类和非宗教类）为1431所，在校生数为159万人,分别约占总数的90%和65.2%。① 由此可见,私立高等教育质量如何,左右着菲律宾整个高等教育的质量水平。

因此,菲律宾社会,包括政府在内,十分重视私立院校的学术发展、质量提高以及与此相关的主要政策问题。在政府的多项报告,如《21世纪的菲律宾教育:1998年菲律宾教育部门情况研究》(PESS)和《菲律宾教育改革日程:教育改革总统委员会(PCER)报告》,以及民间组织——菲律宾人文发展网络(当地简称"HDN")发布的《菲律宾人文发展报告》(PHDR)② 等中,都不同程度地表达了对私立高等教育质量的担忧,而且,几乎所有的报告都不约而同地把提高私立高等教育质量的重点指向了认证制度。本章节拟探讨菲律宾私立高等教育认证制度,包括认证制度在菲律宾的发展历史与现状、认证制度的实施与效果、认证制度的特点等几个方面,以期对我国民办高等教育的发展能有所借鉴。

(一)菲律宾私立高等教育认证制度的形成与发展

1. 认证制度的形成时期(独立前后至1978年)

由于历史的原因,菲律宾高等教育制度的建立是以美国为蓝本的,在认证制度方面也表现得比较明显,但认证在菲律宾的出现则是二战后,是其独立之后的事。

独立前,菲律宾高等教育的质量保障完全属于政府禁地,只有官方的检查和认可。当时政府的认证主要有两种类型:临时许可和政府认可书。但在这两种类型之间还有一个中间类型——"重新许可",即让某些在临时许可一年后尚未达到证书要求的课程继续开设时发放的许可证。③

独立后的相当长时期内,由于政策和资源的原因,教育、文化和体育部一直没有对私立高等教育机构的任何学术管理进行评估,因此也就无法对私立高等教育质量进行有效的管理。二战前后,一些私立院校为了提高教育质量,开始自发组织协会并成立了认证机构。如1941年,包括圣·托马斯大学在内的一

---

① OCAMPO S.M. Status of Higher Education in the Philippines [EB/OL]. [2005-9-29]. http://www.rihed.seameo.org/NewsandEvents/current%20update/pphilippines.pdf.

② 米拉劳. 菲律宾社会研究对教育政策与改革的影响[J]. 国际社会科学中文杂志(中文版),2005(1):73-85.

③ 傅频. 菲律宾私立高等教育政策、法规研究[D]. 厦门大学硕士学位论文,1996:25.

些天主教类教育机构就成立了菲律宾天主教教育机构协会（CEAP）。1953年菲律宾高校联合会（PACU）也曾提出一个认证体系，但因财政拮据而未予实施。① 直到1957年，第一个民间认证机构——菲律宾学校、学院和大学认证协会（PAASCU）才正式组建，该协会以CEAP为中坚力量（包括11所天主教类教育机构），其认证主要是面向天主教学校，但由于是民间的自发性行为，缺少政府的鼓励，进展一直比较缓慢，直到1968年才有两所学院获得认证地位。1968年，教育、文化和体育部认可PAASCU，给予通过该机构认证的学校更大的自治权，如可以免除毕业生所需要的特别法令等。1969年，PAASCU还从私立教育补助基金（FAPE）那里收到为期5年共250000比索的资助，由于获得此项资助，其认证工作取得很大的进展。与此同时，认证也开始逐渐受到官方的关注，1969年菲律宾教育调查总统委员会（PCSPE）在其提交的报告中就特别指出通过认证、完善自我提高机制的重要性，并建议教育、文化和体育部鼓励认证机构的建立并最终联邦化。

1972年的总统第6-A号令是官方对认证的第一次认可，认证从此有了法律基础。② 在该法令的倡导下，菲律宾基督教学校和学院协会（ACSC）与菲律宾学院和大学协会（PACU）也向FAPE请求提供财政资助以开展认证，并分别于1973年和1976年相继成立了菲律宾学院和大学认证协会（PACU-COA）与菲律宾教会学校、学院和大学认证协会（ACSCU-AA）。这两个认证机构分别主要面向非宗教类学校和基督教学校，并得到了FAPE提供的为期5年的补助。1977年，在CEAP、ACSC、PACU，菲律宾私立学校、学院和大学协会（PAPSCU），菲律宾私立职业机构协会（PAPTI）等5个主要私立教育机构协会和私立教育协会统筹委员会（COCOPEA）的支持下，成立了菲律宾认证机构联合会（FAAP）。FAPE除了对上述认证机构提供财政补助以外，还对FAAP提供人力和经费资助。作为认证机构的联合组织，FAAP的成立进一步推动了认证制度在菲律宾的发展。但是，认证仍然是民间的自发性行为，似乎并未给通过认证的学校带来更多的特权和利益，因为1979年之前，免除颁发文凭之前必需的特殊法令是政府赋

---

① 傅频. 菲律宾私立高等教育政策、法规研究[D]. 厦门大学硕士学位论文, 1996:25.
② 傅频. 菲律宾私立高等教育政策、法规研究[D]. 厦门大学硕士学位论文, 1996:25.

予接受认证学校之唯一特权。①

2. 认证制度的发展时期(1979年至2005年)

随着FAAP法律地位的进一步确立,1979年1月4日,教育、文化和体育部认可FAAP为"与教育、文化和体育部在教育机构的认证、课程提供、质量提高等方面的政策制定、项目、标准、程序等进行合作的管理机构",1984年教育、文化和体育部还任命FAAP为官方实施认证的认可机构,这为FAAP指导其下属认证机构开展认证工作提供了法律依据。政府还在此前的"1982年教育法"和此后教育部下发的多个命令中以法律、法规的形式赋予认证制度以合法地位,鼓励和支持私立院校接受认证。1994年高等教育委员会(CHED)成立后,政府开始积极参与认证工作。

"1982年教育法"规定,"鼓励自愿性认证制度的组织和实施";1984年教育、文化和体育部颁发了题为"使用自愿认证以解除管制"的"教育、文化和体育部36号令",该令按照认证标准,把所有的教育机构划分为四个等级,每一等级都赋予相应的利益和好处,其中最重要的就是通过认证的学校不仅可以被解除管制,而且每年还可以从财政部获得一定的财政拨款,用于项目认证。但是,PAASCU一直对"36号令"中的一个限制性条款——FAAP应该是建立国家唯一鉴定机构之前的过渡性组织——持质疑态度。1987年,"教育、文化和体育部37号令"删掉了这一规定,并且还规定"营造一个支持和增强认证民间性、自发性的特点,保护认证体系公正性的政策环境",具体政策就是"共和国6728号法案"的颁布,给予那些通过认证的院校以更充分的财政资助。1988年"教育、文化和体育部38号令"对1984年的36号令做了修改,不仅取消了通过认证学校课程方面的限制,还规定每年拨款1000万比索给民间认证机构。由此可见,政府对认证的鼓励、引导不仅仅表现在政策环境的营造上,还表现在财政资助上,这大大提高了私立院校自愿参加民间认证的兴趣。因此,从"1982年教育法"的颁布至20世纪80年代末,政府对认证的态度还是比较积极,并已准备使民间自愿认证成为私立高校进行自我评价、逐步取消对其限制,最终进行自我管理

---

① ARCELO A.A. In Pursuit of Continuing Quality in Higher Education through Accreditation: The Philippine Experience [M]. Paris: International Institute for Educational Planning, 2003:67.

的主要方法。<sup>①</sup>

然而,20世纪90年代初,政府对认证的态度却发生了变化。新任教育、文化和体育部部长虽号召私立院校尽快参与认证,如1991年发布的"教育、文化和体育部54号令"规定:"学校或项目应该尽快向全国唯一认证机构提出评估,以获得认证地位",但实际开展中不仅保留了对学费的限制权,还中止了以前对认证的拨款;同年发布的"教育、文化和体育部137号令"虽有规定"从1992—1993年开始,'优秀学校'应该在接下来的两年内被解除管制",但是,由于已发布的命令并没有就"优秀学校"制定详细的标准,认证地位并没有落到实处。直到1992年总统大选前,教育、文化和体育部都未采取支持认证、取消限制的新举措。[②]1992年,新总统上台,教育、文化和体育部以92号令的形式通过了《私立学校管理修订手册》,并颁发了93号令,对1991年的"教育、文化和体育部54号令"进行了修改,删去了全国唯一认证机构的规定。在接下来的教育、文化和体育部令中,FAAP已经参与了政策的制定工作。其中最重要的政策文件就是1993年"教育、文化和体育部76号令",它制定了高等教育机构提供的学士学位课程计划的"学院课程最低量化标准"。[③]20世纪90年代初至1994年CHED成立前的这个时期,政府只是号召私立院校开展认证,但一直未采取积极措施支持认证,在FAAP的法律地位问题上,政府试图介入认证,但未能成功。

1994年菲律宾颁布的"共和国7722号法案"是为FAAP立法的里程碑。该法案决定成立主管高等教育的管理机构——高等教育委员会(CHED),还规定成立一个顾问团,其中FAAP主席为其当然成员。1995年,CHED颁发31号令,规定"鼓励自愿采取非政府认证制度,发挥认证的调整功能"。同年,CHED重申了政府对FAAP的认可,赋予其根据自己标准来证明、保证认证机构给予申请院校的认证地位,但标准必须为CHED所接受。CHED还鼓励那些希望达到或者超过政府认可要求之最低质量标准的私立学校,采用自愿认证机制。为了达到这一目的,CHED在营造政策环境,增强认证的民间性和自愿性,保护认证公正性

---

① 傅频.菲律宾私立高等教育政策、法规研究[D].厦门大学硕士学位论文,1996:25.
② 傅频.菲律宾私立高等教育政策、法规研究[D].厦门大学硕士学位论文,1996:25.
③ ARCELO A.A. In Pursuit of Continuing Quality in Higher Education through Accreditation: The Philippine Experience [M].Paris: International Institute for Educational Planning, 2003:68.

的同时,还制订了解除合格学校及其开设的特别项目和课程管制的计划。2000年在 PCER 的一份报告中虽然建议 4 个认证机构采取共同的认证标准,但同时建议 CHED 在对认证机制的监督中发挥更积极的作用,甚至还建议 CHED 对认证机构给予申请学校的认证地位负责,即收回 FAAP 的权力。[①] 政府已经开始以合法化的方式介入认证。

至此,通过上述诸多命令,政府运用认证作为监督高等教育机构质量的重要途径已经具有了法律基础。但是民间组织的认证对私立院校仍具有重要的意义,因为 FAAP 的认证标准高于政府制定的最低标准,而且认证制度也在不断自我完善当中。目前,FAAP 的认证已覆盖了整个私立高等教育机构,在高等教育的质量保障方面发挥着重要作用,而且已得到了社会的广泛认可。

(二)菲律宾私立高等教育认证制度的实施与效果

1. 认证机构与认证指标

目前菲律宾私立高等教育的质量认证工作由独立于 CHED 的 FAAP 全权承担,FAAP 下属的三个认证机构,即 PAASCU、ACSCU-AA 和 PACU-COA,分别对不同类型的私立院校进行认证评估。对国立高等教育机构实施认证的则是特许学院和大学认证机构(AACCUP),该机构 1995 年成为 FAAP 的第四个成员,但 2000 年脱离 FAAP,成为独立的认证机构(1995—2000 年 FAAP 的组织结构详见图 3-5),因此,目前全权承担菲律宾高等教育质量认证工作的是 FAAP 和 AACCUP(由于国立学院和大学不在本章节的探讨范围,故下文不再涉及 AACCUP)。FAAP 设有认证委员会,主要负责整体设计、规划,具体的认证活动则由其下属的认证机构来进行。

从上文对认证制度的历史回顾来看,菲律宾对私立高等教育进行认证的历史要比公立高等教育早得多。目前,三个认证机构是相互独立的,各自都有特定的认证对象,但认证指标所涵盖的范围几乎相同,一般包括:(1)办学使命与目标,(2)师资发展,(3)指导,(4)图书馆,(5)实验室,(6)自然植被和设施,(7)学生服务,(8)社会定位和社区参与度,(9)组织和管理,(10)财政经营。不同的

---

[①] CORPUS M.T. Historical Perspective of the Philippine Quality Assurance System[J]. Journal of Philippine Higher Education Quality Assurance, 2003(1):1-6.

认证机构或不同的认证等级,其认证指标的侧重点有差异。

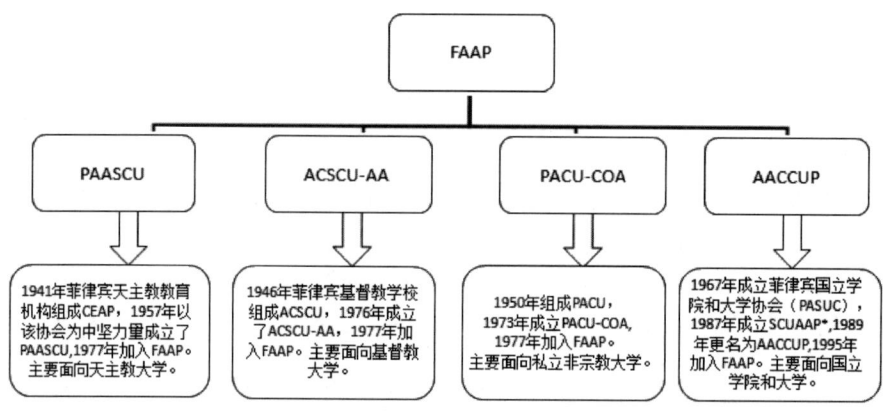

图3-5 FAAP的组织结构(1995—2000)

\*SCUAAP. 菲律宾国立学院和大学认证机构(State Colleges and Universities Accrediting Agency of the Philippines)。

资料来源:根据 CORPUS M.T. Historical Perspective of the Philippine Quality Assurance System[J]. Journal of Philippine Higher Education Quality Assurance,2003(1):2. 整理而成。

2. 认证程序

三个认证机构的认证结果一般分为四个等级,即等级Ⅰ(申请者地位),等级Ⅱ,等级Ⅲ和等级Ⅳ(等级Ⅱ-Ⅳ均被称为"被认证的地位")[①],但不同认证机构不同等级的称呼略有差异,有的机构的认证等级分为三级(详见图3-6)。其认证程序也大致相同,每一等级的申请都包括申请学校提交的自我学习报告、由认证小组实施的现场评估,亦即基本的方法论是相同的。[②] 三个认证机构的认证过程大致分为以下几个步骤:(1)申请学校提交拟认证等级要求的自我学习报告,并在报告中指出学校运作过程中所存在的缺点和不足,以及上一等级(等级Ⅰ除外)报告中认证人员提出的所有建议及其执行情况,并邀请认证机构来校进行评估。(2)认证机构派出经过培训的认证小组前往申请学校进行现场评估,根据申请学校提交的自我学习报告,与该校有关人员就调查中发现的主要问题进行讨论(评

---

① ARCELO A.A. In Pursuit of Continuing Quality in Higher Education through Accreditation: The Philippine Experience [M].Paris: International Institute for Educational Planning, 2003:72.

② ARCELO A.A. In Pursuit of Continuing Quality in Higher Education through Accreditation: The Philippine Experience [M].Paris: International Institute for Educational Planning, 2003:71.

估方式主要是座谈、调查与访问)。(3) 现场评估结束后,认证机构的理事会按照申请学校提交的报告,讨论并根据该校表现,决定是否向 FAAP 推荐给予申请学校以认证地位。(4) FAAP 的理事会对认证协会递交的报告进行评估,如果认为申请学校运行良好,就会向 CHED 建议颁发其许可证,认可其认证地位。(5) 经 CHED 和仲裁委员会评估,给予学校认证地位。不过若 CHED 不满意,建议报告将会被退回到 FAAP,并指出申请学校需要改进的地方,帮助其达到认证标准,但这种情况一般很少发生。[①]

```
                              等级Ⅰ和等级Ⅱ的认证指标
    等级Ⅰ                1.目标
    申请者地位             2.师资
    两年之内               3.指导
    等级Ⅱ                 4.图书馆
    正式申请者地位         5.实验室
    3年                   6.自然植被和设备
    等级Ⅱ                 7.学生服务
    首次被认证的地位       8.社会定位和社区参与度
    5年                   9.组织和管理
    等级Ⅱ                   等级Ⅲ的认证指标
    第二次被认证的地位     1.指导标准
    5年                   2.社区服务
    等级Ⅱ                 3.科研
    第三次被认证的地位     4.教师发展
    6个月                 5.许可证考试中的表现
    等级Ⅲ                 6.合作与交流
    被认证的地位           7.质量的改进
```

**图 3-6　PACU-COA 的认证程序**

资料来源:VEA R B. Higher Education and Accreditation System in the Philippines [EB/OL]. [2005-10-28]. http://www.ieee.org/organizations/eab/apc/cgaa/presentations/Philippines-Vea.ppt.

但三个认证机构对不同等级的标准要求还是有高低之分的。以 PACU-COA 的认证为例,等级Ⅲ的认证指标则为:(1) 指导标准,(2) 社区服务,(3) 科研,(4) 教师发展,(5) 许可证考试中的表现,(6) 合作与交流,(7) 质量的改进等(详见图

---

① ARCELO A.A. In Pursuit of Continuing Quality in Higher Education through Accreditation: The Philippine Experience [M].Paris: International Institute for Educational Planning, 2003:74-81.

3-6)。①对高等教育机构的认证则是在课程或项目认证的基础上对整个机构进行全面的评估、认证。同时，CHED 在（1）农业教育，（2）商业管理，（3）工程学、科技与建筑教育，（4）健康专业教育，（5）人文社会科学，（6）信息科技，（7）海事教育，（8）科学与数学，（9）教师教育，（10）法律等 10 个学科群建立技术小组，作为其咨询机构。技术小组主要由该领域的专家、学者以及其他参与人员组成，辅助 CHED 制定标准，并对项目进行监督和评估。②

为了鼓励认证，政府对达到不同认证等级的院校还给予一些相应的管理、课程开设或争取财政补助方面的特权，认证等级越高，特权就越大，利益也越多。比如，达到等级Ⅰ就可以获得管理方面的一些特权：批准班级和教师项目计划，每三个月或每学期提交一次学生注册表和学生发展报告等。等级Ⅱ获得的特权有：（1）管理上完全被解除管制，但 CHED 仍可以随时对学生改进报告和研究生表进行评估；（2）财政上被解除管制，包括学费的设置以及学校其他费用和开销；（3）部分课程自治，只要达到专业调整委员会规定的最低要求，遵循其指导方针，就可以不经 CHED 的允许而修订课程，但重新修订过的课程还应该提交给 CHED 地方办公室；（4）可以获得对奖学金、图书馆资料、实验室设备以及其他发展活动的基金补助的优先权；（5）在申请教师发展的政府补助方面有优先权；（6）有权利在其出版物或者是广告中依照 CHED 的政策和规定使用"被认证的"字眼；（7）限制 CHED 监督人员或者代表团的访问、视察和监督等诸多利益。③

但是认证等级越高，对申请学校的要求也越高。如等级Ⅲ必须满足下列条件：（1）较高的指导水平，主要反映在教师质量上；（2）有比较显著的社区服务拓展项目，包括学生、教师和管理人员参与社区服务的范围、状态以及其他细节等都要在文件的认证指标中有所反映。此外，申请学校还必须满足：（1）优良的教育传统，主要表现在合理财政、教育输出的质量、可测量的结果（如出版物、教师参

---

① VEA R. B. Higher Education and Accreditation System in the Philippines [EB/OL]. [2005-10-28]. http://www.ieee.org organizations eab/apc/cgaa/presentations Philippines-Vea.ppt.

② VALISNOM D. Quality Assurance in Philippine Higher Education: Lessons Learned.International Conference on Quality Assurance in Higher Education: Standards, Mechanisms and Mutual Recognition [M]// International Conference on Quality Assurance in Higher Education: Standards, Mechanisms and Mutual Recognition. Bangkok: Bureau of Higher Education Standards, Ministry of University Affairs, 2000:180.

③ ARCELO A.A. In Pursuit of Continuing Quality in Higher Education through Accreditation: The Philippine Experience [M].Paris: International Institute for Educational Planning, 2003:78-79.

与社区的范围、对社区产生的影响)等方面;(2)优良的教师发展传统,或者是教师发展项目的系统规划,这在财政的合理分配中可以表现出来;(3)研究生在过去三年的"许可证考试"中的表现具有较高信任度;(4)与其他学校或机构之间的合作与交流等四条要求中的任意两条。① 在通过认证后,私立院校不仅具有等级Ⅱ的权力,而且在课程设置上还被完全解除管制。

与等级Ⅲ相比,等级Ⅳ的要求更高,它要求达到该认证等级的学校在很多学科专业方面都享有盛名,其声誉和权威可以与国际著名大学相提并论。达到等级Ⅳ的学校,不仅可以获得等级Ⅲ的权力,而且在认证期间,其高质量项目还可以收到来自高等教育发展基金(HEDF)的补助和津贴。

3. 认证实施的效果

尽管认证在菲律宾的实施已有几十年的历史,但取得的效果并不很理想。2001年的高校(包括国立和私立)认证项目数为160个,占总数的11.35%,2004年,通过认证的项目数已增加到193个,占总数的12.7%。② 2002—2003年,1526所院校(包括国立和私立)所提供的10240个学士层次项目中通过认证的仅占11.3%,其中私立院校为9.4%(详见表3-17),而且76%的项目还只处在等级Ⅱ的认证中。至于学校认证,全国仅有12%的私立院校通过了FAAP的认证。③ 截至2003年,私立院校项目通过认证的比率已经达到21%。④

表3-17 2002—2003年高等教育机构不同学历层次的认证结果

| 院校类型 | | 学士 | 硕士 | 博士 |
| --- | --- | --- | --- | --- |
| 国立 | 项目数(个) | 2695 | 1312 | 266 |
| | 通过认证数(个) | 453 | 121 | 49 |
| | 通过率(%) | 16.8 | 9.2 | 18.4 |

---

① ARCELO A.A. In Pursuit of Continuing Quality in Higher Education through Accreditation: The Philippine Experience [M].Paris: International Institute for Educational Planning, 2003:80.

② OCAMPO S.M. Status of Higher Education in the Philippines [EB/OL]. [2005-9-29]. http://www.rihed.seameo.org/NewsandEvents/current%20update/pphilippines.pdf.

③ SANTIAGO A. L. Cross-Border Transactions in Higher Education: Philippine Competitiveness [J]. Philippine Institute for Development Studies Discussion Paper Series, 2005(27): 1-34.

④ PADUA R. N. International Higher Education Quality Assurance Practices: Situating the Philippine System[J]. Journal of Philippine Higher Education Quality Assurance, 2003(1): 8-15.

续表

| | 院校类型 | 学士 | 硕士 | 博士 |
|---|---|---|---|---|
| 私立 | 项目数（个） | 7545 | 1660 | 265 |
| | 通过认证数（个） | 706 | 99 | 9 |
| | 通过率（%） | 9.4 | 6.0 | 3.4 |
| 合计 | 项目数（个） | 10240 | 2972 | 531 |
| | 通过认证数（个） | 1159 | 220 | 58 |
| | 通过率（%） | 11.3 | 7.4 | 10.9 |

资料来源：SANTIAGO A. L. Cross-Border Transactions in Higher Education：Philippine Competitiveness [J].Philippine Institute for Development Studies Discussion Paper Series, 2005(27)：8.

从不同认证机构的会员和通过认证的学校数来看，私立院校的认证结果并不乐观。从表3-18可以看出，2002—2003年，天主教类学校和私立宗教学校共有325所，属于PAASCU和ASCU-AA会员的只有110所，而通过这两个认证机构的比率却只有33.9%；私立非宗教类学校共有980所，其中属于PACU-COA会员的为62所，其认证通过率仅为6.3%。①

表3-18　2002-2003年私立院校的认证结果

| | PAASCU | ASCU-AA | PACU-COA |
|---|---|---|---|
| 认证的主要对象 | 天主教 | 私立宗教类（基督教） | 私立非宗教类 |
| 会员（所） | 89 | 21 | 62 |
| 高等学校数（所） | 325 | | 980 |
| 未通过认证的学校数（所） | 215 | | 918 |
| 通过率（%） | 33.9 | | 6.3 |

资料来源：VEA R. B. Higher Education and Accreditation System in the Philippines [EB/OL].[2005-10-28]. http://www.ieee.org/organizations/eab/apc/cgaa/presentations/Philippines-Vea.ppt.

由于等级Ⅳ的标准比较严格和苛刻，截至2000年，还没有一所高等教育机构被给予等级Ⅳ的地位。因此，2001年9月25日，CHED发表了题为"对优秀高等教育机构自治和解除管制地位补助"的32号备忘录，并据此规定，决定在优秀的私立院校中认定一批"自治"或"解除管制"的学校，以求对私立教育机构的管理合理化。同年，菲律宾共有32所私立教育机构获得"自治"地位，22所私立

---

① VEA R. B. Higher Education And Accreditation System in the Philippines [EB/OL]. [2005-10-28]. http://www.ieee.org organizations eab/apc/cgaa/presentations Philippines-Vea.ppt.

院校获得"解除管制"地位;2003年取得"自治"地位的私立教育机构数增加了10所,取得"解除管制"的则增加了22所。[①]

### (三)菲律宾私立高等教育认证制度的特点及对我国的启示

如上所述,认证制度作为菲律宾私立高等教育的质量保障机制之一,已经和正在发挥着重要的作用。菲律宾的认证制度有以下几个特点:

1. 认证机构的民间性和相对独立性。菲律宾的认证机构不是由政府批准设立的,而是由若干所私立大学自发组成的。尽管此后认证机构的数量有所增加,并最终形成现在的认证组织联合体——FAAP,但是,其民间性始终没有改变。同时,FAAP独立于CHED,尽管它必须经CHED授权,采用CHED认可的标准对项目进行认证,但是其独立性还是得到相对保证的。由于认证机构具有民间性和相对独立性,使得大学的学术自由能够得到较充分的保障。

2. 认证指标体系的相对完整性。针对不同办学水平的学校,FAAP设计不同等级的认证指标体系。由于认证指标体系充分考虑到各个学校的具体实际,使私立院校都有接受认证的可能性,因而也就能够调动私立院校参加认证的积极性。

3. 认证制度的实施得到政府的鼓励与支持。菲律宾政府从20世纪80年代中后期,尤其是自CHED成立以来,一直为认证制度的实施营造积极的政策环境,如把认证的结果与政府的财政资助结合起来,并对获得不同等级的私立院校给予不同的待遇,鼓励私立院校积极参加FAAP组织的认证工作,等等。从目前的认证结果来看,参加认证的私立院校有逐渐增多的趋势,反映了政府的鼓励与支持措施已经产生明显的效果。

菲律宾政府通过民间性的认证机构对私立高等教育实施质量与管理评价,克服了人手不足,无法及时管理私立高等教育的盲点,同时采用财政资助与评估结果相结合的方式,有效地刺激了私立院校加强内部管理,不断提高教育质量。尽管这个方法在现阶段发挥的作用还很有限,但是制度设计的方向是正确的,认证制度本身也较为完善,假以时日,是可以发挥更大作用的。

菲律宾政府的这些做法,对于我国民办高等教育的发展,有着重要的启示。

1. 建立独立的民办高等教育评估机构。截至2006年,我国民办高等教育机

---

① 伍金球.菲律宾高等教育发展的经验及对我国的启示[J].高等教育探索,2006(1):72-75.

构数近1400所，在校生总数200多万人，已成为我国高等教育事业的重要组成部分。但是，面对如此庞大的民办高等教育群体，我国至今尚未建立起专门的民办高等教育评估机构。由于缺乏有效的管理，导致许多民办高校办学水平不高，社会认可度低，这极大地阻碍了民办高等教育健康、稳定的发展。《民促法》第四十条虽明确规定"委托社会中介组织评估办学水平和教育质量"，但由于相关的配套措施未落实到位，使得对民办高等教育机构的评估工作尚无进展。因此，政府应当采取更为积极的措施，促使民办高等教育评估机构尽快建立起来，并赋予其独立开展评估工作的权限。

2. 制定适应不同层次、水平的民办高等教育机构发展需要的评估指标体系。我国本科层次的民办高校仅有二十几所，大量的还是专科层次及以下的民办高校。因此，制定评估指标体系时，应当考虑民办高等教育机构的办学层次、水平和实际发展需要。菲律宾的经验值得借鉴。

3. 制定基于评估结果的中央财政资助政策。《民促法》第四十四条、第四十五条虽明确规定"县级以上各级人民政府可以设立专项资金，用于资助民办学校的发展"和"县级以上各级人民政府可以采取经费资助"，但由于各地经济发展水平存在很大差异，致使民办高校的资助力度普遍很小。为了引导民办高校不断提高办学质量，不仅需要加强评估，还需要中央政府尽快出台基于评估结果的财政资助政策。这不仅是菲律宾的做法，也是世界其他许多国家的普遍做法。只有"两手抓（一手抓评估、一手抓资助），两手都硬"，才能既解决目前政府对高等教育投入不足的问题，又能发展有质量保障的民办高等教育，从而为我国高等教育的顺利发展奠定坚实的基础。

## 二、菲律宾私立高等教育的政府资助体系

在菲律宾的高等教育系统中，私立部门一直占有重要地位。2005—2006年，菲律宾共有高等教育机构1599所，在校生总数243.9万人，其中私立院校（包括宗教类和非宗教类）为1431所，在校生数为159万人，分别占总数的约90%和65.2%，[①] 为该国的经济建设和社会发展做出了很大贡献。鉴于私立高等教育

---

① OCAMPO S.M.Status of Higher Education in the Philippines [EB/OL]. [2005-09-29]. http://www.rihed.seameo.org/NewsandEvents/current%20update/pphilippines.pdf.

在社会经济发展中的重要作用，菲律宾政府从20世纪70年代开始，相继出台一些法律法规支持私立高等教育的发展。20世纪90年代以来，为了进一步强化高等教育的教学、科研、社会服务三位一体职能，菲律宾政府根据"1994年高等教育法"（"共和国7722号法案"），撤销了设立在教育、文化和体育部下面的高等教育局，专门设置了总统办公室直接管辖的高等教育委员会（Commission on Higher Education，CHED），下设学生服务办公室和政策、规划、科研与信息办公室等，CHED在全国15个地区设有地方办公室。这样，菲律宾就有一个独立的部门来专门管理高等教育，形成了由教育、文化和体育部主管基础教育事务，技术教育与技能发展局（TESDA）负责职业技术教育和CHED负责有关高等教育事务的管理体制。CHED对菲律宾所有高等教育机构的运作负责，包括政策制定、规划和项目的建议等，也控制着私立高等教育机构的设立与关闭，具体包括它们所提供的课程、课程发展、建筑规格和学费水平等。本章节拟对菲律宾政府对私立高等教育的资助体系进行系统梳理，并对其存在的问题进行分析。

（一）菲律宾政府资助私立高等教育的历史回顾

菲律宾在独立之前，由于长期处于西班牙、美国的殖民统治，教育包括高等教育并不发达。在西班牙殖民统治时期（1565—1898年），由于西班牙统治者实行"政教合一"的政治制度，除大力资助"公立"学校以外，对教会学校（大学）也给予一定的资助。在美国统治时期（1898—1946年），由于殖民政府实行"政教分离"政策，对教会办的和世俗的私立学校（大学）不予资助，私立学校处于"自生自灭"的状况。[①] 菲律宾独立以后，私立高等教育在整个高等教育系统中的作用日益为社会和国家所重视，但是私立高等教育机构得到官方认可并获得政府的资助则是在"1982年教育法"，尤其是"1987年宪法"颁布之后。"1987年宪法"规定，"国家承认公、私立教育机构在国家教育体系中的相互补充作用"；"建立和维持奖学金补助、学生贷款项目、津贴补助以及其他激励措施，适用于公、私立学校的优秀学生，尤其是来自社会下层的学生"。"共和国6728号法案"及其修订稿"共和国8545号法案"，即"政府资助私立教育中的学生与教师法"和"扩大对私立教育学生、教师的政府补助法案"，均以法律的形式规定"向私立教育

---

① 张国才. 菲律宾国家资助私立教育法规述评[J]. 现代教育论丛, 1994(5):57.

中的学生和教师提供政府资助和适当的补助"。菲律宾政府不仅立法，而且还有具体的措施作保障。比如，根据"共和国 6728 号法案"设立教育贷款基金，向学生提供贷款，供学生支付学杂费，还在教育、文化和体育部内设立"高校教师发展基金"，以资助私立高校教师攻读研究生学位或接受非学位的培训和研讨班学习；① 又比如，根据"共和国 8545 号法案"，专门设立一个补贴私立学校教师工资的基金，等等。由此可见，菲律宾政府对私立高等教育的资助是多元化的，加上这些资助计划的出台都有相应的法律依据，从而使对私立高等教育的资助成为菲律宾政府不可推卸的责任和义务。

但是，菲律宾政府在私立高等教育的发展政策方面也曾经走过一段弯路。"1982 年教育法"规定，所有的私立教育机构必须是非股份、非营利性的，② 结果严重挫伤了办学者的积极性，而公立部门又无法满足社会需求，于是，菲律宾政府不久便取消了这项规定。在"1987 年宪法"中就规定，"对股份制和非股份制学校完全用于教育目的的收入，按照有关法律规定免于征税"，允许股份制和非股份制教育机构并存。此后，菲律宾政府在逐步放宽对私立学校管理的同时，还对私立高等教育的发展实行资助，以督促私立高等教育机构不断提高自身的办学质量。

目前，菲律宾政府的角色开始逐渐由高等教育的提供者向高等教育的管理者和监督者转变，从宏观上对私立高等教育进行管理，规范、扶持其发展。政府对私立高等教育的资助力度不断加大，并已经形成一个全方位的体系，对学校、学生和教师都有一些针对性的资助计划和资金划拨方式。

（二）菲律宾政府资助私立高等教育的现行计划

菲律宾政府对高等教育的资助计划是全方位的，不仅有针对学校的，也有针对学生和教师的，并已经形成了相当完善的体系。但是，除了个别资助计划仅面向私立院校之外，绝大多数是面向公、私立院校的。

1. 面向学校的国家资助计划

面向学校的国家资助计划主要有对卓越中心（Center of Excellence，COE）与发展中心（Center of Development，COD）的资助和高等教育机构管理发展计划

---

① 张国才. 菲律宾国家资助私立教育法规述评 [J]. 现代教育论丛, 1994(5): 61.

② ALTBACH P.G, Umakoshi, T.Asian Universities:Historical Perspectives and Contemporary Challenges[M]. Baltimore and London: The Johns Hopkins University Press, 2004: 290.

（Higher Education Institution Management Development Project）。

为贯彻落实总统委员会（PCER，2000）教育改革的提案，国家开始实行高等教育发展计划（Higher Education Development Project，HEDP）。该计划对基础教育和高等教育均给予高度关注，其中高等教育部分约占整个计划的75%，主要侧重于高等教育的效率和效力、质量和卓越、适当性和应对性、入学机会和公平等四个方面，并由CHED对各地区教学、科研等成绩卓著的公立和私立院校给予项目资助。设立COE和COD并对其实行资助，就是国家为提高高校办学质量而采取的重要举措。

国家对COE和COD的遴选均有严格的标准（见表3-19）。作为特别计划的COE和COD，应该在教学、科研和社会服务扩展职能方面表现出最高标准：要么在本科专业教学方面有实力，要么在科研和社会服务方面能力较强，或者是研究生教育办得好。只有入选该计划的公、私立院校的重点学科，方可获得政府的该项资助。以COE为例，1992—2002年间，根据评选结果，90%或者更高比例的COE符合标准，每个COE每3年会获得300万比索的资助，以培养国家急需人才。[①] 该项经费可优先用于教学、科研和社会服务等项目。

表3-19 COE的遴选标准及其权重

单位：%

| 项目 | | 权重（%） |
|---|---|---|
| 项目质量（70） | 教师 | 15 |
| | 教学 | 20 |
| | 实验室 | 15 |
| | 图书馆 | 5 |
| | 设施 | 10 |
| | 管理 | 5 |
| 外部联系（20） | 产学合作项目 | 10 |
| | 与其他学校或CHED的联系 | 5 |
| | 顶尖项目 | 5 |
| 对质量评估与提高的义务（10） | 通过认证的项目 | 5 |
| | 准备或者有意向对学校进行评估 | 5 |

资料来源：KITAEV I，Nadurata T，Resurrection V，Bernal F.Student Loans in the Philippines: Lessons from the Past[M].Bangkok:UNESCO Bangkok/IIEP，2003.

---

① ALTBACH P.G, Umakoshi, T.Asian Universities: Historical Perspectives and Contemporary Challenges[M]. Baltimore and London: The Johns Hopkins University Press, 2004: 290.

政府对 COE 和 COD 的资助方式是，由 CHED 管理并运用高等教育发展基金，对公、私立院校各学科进行论证，对在教学、科研和社会服务等方面表现出最高水准的 COE 和 COD 给予项目财政资助，但基金的争取要经过严格审查。财政资助主要用于学生的奖学金、教师发展、图书馆和实验室建设、科研和社会服务、教学材料及其网络化建设等。2000 年，共有 COE111 个，COD157 个[①]，COE 和 COD 所涵盖的学科领域虽有交叉，但 COD 更侧重于工程与建筑、信息科技等领域。截至 2004 年 6 月，全国共有 275 个 COE 和 COD（COE110 个，COD165 个），分布在 79 所高校，国家提供的财政资助为 1265.6 万美元。[②] 其中 COE 的 59.1% 和 COD 的 34.2% 设在公立大学，40.9% 和 65.8% 设在私立大学，[③] 公、私立院校几乎平分秋色。

高等教育机构管理发展计划主要是向高等教育机构的领导和管理者提供一系列新的管理发展机会，通过培训等活动来提高公、私立院校管理者的能力。该计划主要包括旗舰计划、专业课程、学习旅行、E-learning 以及其他项目等。此外，为鼓励私立院校积极开展质量认证与评估，提高大学教育质量，国家还向达到不同认证等级、标准的私立院校提供额度不同的资助。如达到等级 II 的私立院校就可以获得对奖学金、图书馆资料、实验室设备以及其他发展活动的基金资助的优先权，申请教师发展的政府资助，等等。

2. 面向学生的国家资助计划

面向高校学生的国家资助计划主要有两种：一是以奖学金的形式直接发放给具备一定资格的学生，二是以贷款的形式借贷给学生，但要求学生在毕业后的一定年限内还清贷款。由于这种资助项目种类多样，从而为出身贫穷的优秀学生提供了很多教育机会。

（1）国家奖学金项目（State Scholarship Program，SSP）。该项目是根据"共

---

① VALISNO M. D. Quality Assurance in Philippine Higher Education: Lessons Learned[C]// International Conference on Quality Assurance in Higher Education: Standards, Mechanisms and Mutual Recognition. Bangkok: Bureau of Higher Education Standards, Ministry of University Affairs, 2000: 181.

② OCAMPO S.M. Status of Higher Education in the Philippines [EB/OL]. [2005-9-29]. http://www.rihed.seameo.org/NewsandEvents/current%20update/pphilippines.pdf.

③ CHED. 菲律宾高等教育委员会 2003—2004 学年教育统计年鉴数据 [EB/OL]. [2005-11-22]. http://www.ched.gov.ph/statistics/index.html.

和国 4090 号法案"设立的,该法案也以"国家奖学金法"著称,主要面向出身贫穷的优秀学生。项目要求这类学生必须是所毕业高中的班级前 10 名,并且已决定申请国家选定的大学中的优势学科。2003—2004 年全国共有 1500 名受益者;[①]2006—2007 年,该项目在全国范围内向 1000 人划拨了 1614.3 万比索的奖学金。[②]

(2) 私立教育学生财政补助计划(Private Education Student Financial Assistance Program, PESFA)。该计划是根据"共和国 6728 号法案"设立的,即"政府资助私立教育中的学生与教师法"。这对那些有学习能力并准备注册私立院校的大学新生或已在国家选定的私立大学中的优势学科注册的学生来说,是一项很不错的学习补助。2003—2004 年全国共有 15989 名受益者(包括中学生和大学生);[③]2006—2007 年,该补助计划向 14650 名受益者提供了 2.2 亿比索。[④]

(3) 先学后还计划(Study Now, Pay Later Plan, SNPLP)。该计划主要是针对出身贫穷但又未能获得国家奖学金项目的较优秀学生专门设计的,目的是推动高等教育入学机会均等化。为了达成这个目的,根据"共和国 6014 号法案"设立了学生贷款基金局,经由 CHED 授权创办了学生贷款基金,该基金的资助项目涵盖了大学入学考试费、书本费、住宿费和其他学校费用。2006—2007 年,该计划已向 1190 名受益者提供了 1726.5 万比索。[⑤]

(4) 针对 COE 的学生贷款计划(Student Loan Plan-Center of Excellence-COE, SLP-COE)。针对 COE 的学生贷款计划是政府资助的项目之一,始于 2000—2001 年。它是根据"普通拨款法"(General Appropriations Act, GAT)而特别规定的学生贷款基金,为了提高贷款的发放效率以及还款率,2000 年 CHED

---

① CHED. 菲律宾高等教育委员会 2003—2004 学年教育统计年鉴数据 [EB/OL]. [2005-11-22]. http://www.ched.gov.ph/statistics/index.html.

② 数据来源于菲律宾高等教育委员会网站(http://www.ched.gov.ph/projects/index.htmlsp)的相关信息,访问日期:2006 年 2 月 18 日。

③ CHED. 菲律宾高等教育委员会 2003—2004 学年教育统计年鉴数据 [EB/OL]. [2005-11-22]. http://www.ched.gov.ph/statistics/index.html.

④ 数据来源于菲律宾高等教育委员会网站(http://www.ched.gov.ph/projects/index.htmlsp)的相关信息,访问日期:2006 年 3 月 29 日。

⑤ 数据来源于菲律宾高等教育委员会网站(http://www.ched.gov.ph/projects/index.htmlsp)的相关信息,访问日期:2006 年 2 月 20 日。

开始向卓越中心的学生提供贷款。

根据"共和国 8760 号法案"设立的学生贷款基金的特别规定，政府提供 3500 万比索作为国家选定高校的周转资金，主要用于优秀学生的贷款。这 3500 万比索贷款基金计划提供给全国 30 所高校的 437 名学生，有资格的学生每学期最多允许借贷 1 万比索，一学年不超过 2 万比索。贷款主要用于学费和其他费用，年利息 6%，毕业后第 13 个月开始还贷，5 年内分期付清。具体来说，也就是平均每所学校的 14 名学生可以得到 120 万比索的贷款，一直持续到他们毕业。[①] 2001/2002—2004/2005 年，该基金至少向 306 名学生提供了 2455.4 万比索的贷款。[②]

除了上述全国性的贷款计划之外，还有区域性的贷款计划，如面向比科尔（Bicol）地区，即 Region V 的学生贷款计划（SLP-RV）。该计划设立于 1999 年，主要面向比科尔地区的公、私立院校。1999—2000 年，比科尔地区政府对该地区国家选定的高校提供了 2000 万比索的资助，截至 2006 年，已有 965 名受益人。[③] 表 3-20 比较了菲律宾政府面向私立院校的三种学生贷款计划。

表 3-20　面向私立院校的部分学生贷款计划比较

| 特征 | 先学后还计划（SNPLP） | 面向比科尔地区（SLP-RV） | 面向 COE（SLP-COE） |
| --- | --- | --- | --- |
| 设立年度 | 1976 | 1999 | 2000 |
| 面向人群 | 穷人 | 穷人 | 穷人 |
| 范围 | 国家 | 地方性 | 国家 |
| 面向机构的类型 | 公、私立院校 | 公、私立院校 | 公、私立院校 |
| 覆盖面 | 有限 | 极其有限 | 有限 |
| 管理机构 | CHED 地方办公室 | 学校 | 学校 |
| 贷款分配 | CHED 地方办公室 | 学校 | 学校 |
| 贷款偿还 | CHED 地方办公室 | 学校 | 学校 |

---

① KITAEV I, Nadurata T, Resurrection V, Bernal F. Student Loans in the Philippines: Lessons from the past [M]. Bangkok: UNESCO Bangkok /IIEP, 2003.

② 数据来源于菲律宾高等教育委员会网站（http://www.ched.gov.ph/projects/index.htmlsp）的相关信息，访问日期：2006 年 4 月 8 日。

③ 数据来源于菲律宾高等教育委员会网站（http://www.ched.gov.ph/projects/index.htmlsp）的相关信息，访问日期：2006 年 3 月 20 日。

续表

| 特征 | 先学后还计划（SNPLP） | 面向比科尔地区（SLP-RV） | 面向 COE（SLP-COE） |
|---|---|---|---|
| 利息 | 6% | 6% | 6% |
| 偿还年限 | 毕业2年后开始偿还，10年内还清 | 毕业1年后开始偿还，10年内还清 | 毕业1年后开始偿还，5年内还清 |
| 资金来源 | 政府 | 政府 | 政府 |
| 贷款种类 | 学费+补助 | 学费+补助 | 学费+补助 |
| 贷款数额 | 最高7250比索/每学期 | 最高7250比索/每学期 | 最高10000比索/每学期 |
| 担保人 | 个人 | 个人 | 个人 |
| 服务费 | 无 | 无 | 初始贷款的3% |

资料来源：KITAEV I, Nadurata T, Resurrection V, Bernal F.Student Loans in the Philippines: Lessons from the Past [M]. Bangkok: UNESCO Bangkok /IIEP, 2003: 91.

3. 面向教师的资助计划

在菲律宾，尽管政府规定所有从事高等教育的教师必须具有其所任教专业的硕士文凭，但并不是所有的教师都符合这一要求。2001年，菲律宾高校共有约8万名教师，其中只有1/3具有硕士或博士学位。[①] 为此，菲律宾政府决定实施教师发展计划来提升教师的整体素质，改善菲律宾高等教育的质量，并从亚洲发展银行那里获得了资助，目标就是提高教师学历水平，把教师队伍中拥有硕士、博士学位者的比例翻一番，即从2006年的35%提高到2010年的70%。此外，政府还希望通过该计划的实施，改进教师的教学方法，从而推动学生的学习进步，提高学生职业许可证考试的通过率和毕业生的综合素质。

该资助计划主要是从英语、自然科学、社会科学、数学、工程学和信息科技等优先发展领域选拔教师，资助他们学习。政府资助教师的学习计划类型多样，菲律宾有"不需要论文的硕士计划"、"需要论文的硕士计划"、"地方博士计划"和"三明治博士计划"（须国外学习一年）等，供教师根据自身的实际需要进行选择。与学生的资助计划与项目相比，对教师发展计划的资助，无论是规模还是具体数额都要广泛和充裕得多（详见表3-21），并对提前一个学期拿到硕士学位的

---

① KITAEV I, Nadurata T, Resurrection V,Bernal F.Student Loans in the Philippines: Lessons from the Past [M]. Bangkok: UNESCO Bangkok /IIEP, 2003: 78.

教师给予一定奖励。

**表 3-21　教师发展计划的资助范围与额度**

| 资助范围 | 额度 |
| --- | --- |
| 全部学费和其他费用 | 学费和其他费用 |
| 定期生活津贴 | 全职教师，1 万比索 / 月；兼职教师，4000 比索 / 月；全职教师，每学期硕士 8000 比索 / 月，博士 9000 比索 / 月 |
| 交通补助 | 来自较远地方的教师可申请交通补助费 |
| 书本补助 | 硕士和博士全程的书本补助分别为 1.5 万比索和 2 万比索 |
| 论文补助 | 实验性 / 田野调查 6 万比索；纯研究 4 万比索 |
| 专题学位论文补助 | 实验性 / 田野调查 10 万比索；纯研究 6 万比索 |
| 其他补助 | 最多分配 12 个课时的教学任务，或者每月补助 13440 比索，但仅限于全职教师 |
| 奖励 | 对于那些比原计划提前至少一个学期的教师奖励 5 万比索，但仅限于"需要学位论文的硕士计划" |

资料来源：菲律宾教师发展计划 [EB/OL]. [2005-08-12]. http://www.ched.gov.ph/projects/Printable_version_FDP_info.pdf.

此外，还有学院教师发展基金（College Faculty Development Fund，CFDF）。学院教师发展基金是 CHED 根据"共和国 6728 号法案"的修订稿"共和国 8545 号法案"设立的，向私立学院和大学教师的研究生项目提供奖学金，目的是提高私立高等教育的教学质量。该基金是由私立教育补助基金（Fund for Assistance to Private Education，FAPE）来管理的，但主要是针对私立学院和大学中承担教学任务的全职教师和管理人员。

### （三）菲律宾政府资助体系存在的问题

菲律宾政府对高等教育的资助体系是相当完善的，但是，由于资助体系并不是仅仅针对私立院校设计的，因而在具体实施过程中，还存在一些问题。这些问题主要集中在对私立高等教育的资助力度、管理方式以及取得效果如何等方面。

首先，从菲律宾政府对私立高等教育的资助力度来看，存在公、私立院校竞争起点不公平和资助覆盖范围窄、资助额度偏小等问题。尽管菲律宾政府对高等教育的资助体系相当完善，但从上面的论述中我们已经看到，国家资助计划并不仅仅针对私立院校，除了"私立教育学生财政补助计划"等之外，绝大多数项目资助要与公立院校一起竞争。由于私立高等教育的"先天性弱势",使其在与公立院校竞争中并不占有优势。比如 COE 和 COD,59.1% 和 34.2% 的设在公立大学,40.9% 和 65.8% 的设在私立大学,公、私立几乎平分秋色,但考虑到私立院校约占高校总数 90% 的现实,其获得资助的份额还是偏小。另一方面,资助计划的覆盖范围和资助额度非常有限。以"先学后还计划(SNPLP)"中向私立院校学生提供的贷款为例,尽管该计划从 1976 年开始实施,但发展至 2006 年,每年才向 1190 名学生(含公立院校)提供了 1726.5 万比索,区区不到 2000 万比索(折合成人民币约为 300 万元)的资助额对于私立院校如此众多的优秀学生来说,贷款所发挥的作用极小,因为贷款的增长速度远远落后于私立院校学费的增长速度。

其次,从菲律宾政府资助私立高等教育的管理方式来看,存在中央统一管理、办事效率低,资助计划的科学性不强、管理混乱,计划的安排不合理等问题。这些问题主要表现在以下三个方面:(1)由于资助计划均由中央统一制定,对其管理也大多由中央有关部门负责(除个别地方政府项目由地方政府管理外),没有或极少委托社会中介机构进行管理,从而造成管理忽紧忽松、办事效率低下等问题。比如 SNPLP 计划,该计划由中央统一制定和管理,对于 CHED 来说,学生贷款管理只是其众多事务中的一项,由于人员不足,很难在学生还贷问题上花更多的心思,导致学生还贷率日益下降,从实施初期的 40% 下降到 2006 年的 2%(低还贷率,固然与贷款人失业或收入水平低有关,但与管理部门没有建立数据库,缺乏对贷款人的行踪调查以及人员更迭频繁,没有做好交接工作也有很大关系)。(2)一些资助计划虽有很好的远景,但由于设计时缺乏系统的考虑,致使计划出台后不得不修改或增订有关法律法规,影响法律规定的严肃性,加上负责机构常有改组或废止,从而加剧了管理的混乱。比如 SNPLP 计划,1976 年专门设立了教育资助政策委员会(EAPC)来管理该计划,也就是在同一年,改为由国家教育贷款资助中心(NELAC)来管理;1987 年,该中心又并入教育、文化和体育部下面的高等教育局;而 CHED 成立后,原教育、文化和体育部的工作开始由 CHED 下属的学生服务办公室接管。(3)有些资助计划的安排加重了私立院校的负担,引起学校的不满或抵制。以 COE 的学生贷款计划为例,该计划要求有关院校在 CHED 的监督管理下,直接负责学生还贷工作。因此一些私立院校视其为额外的管理负担,而放弃参与该计划。①

再次,从资助私立高等教育的效果来看,存在私立院校受益面小,不能从根本上解决提高办学质量的问题。这具体表现在以下两个方面:(1)私立院校学生的受益面小。从上面的论述中我们可以看到,菲律宾政府投入资助计划的资金本身就有限,而且资助对象为公、私立院校,即使我们暂不考虑公立院校教育质量高与学费水平低的影响因素,就以假定公立、私立院校平分来自政府的资助来看,在校生总数仅占近35%的公立院校,却得到国家资助的一半。(2)私立院校生源减少,办学成本走高,但获得资助少,导致私立院校难以改善办学质量。近十几年来,菲律宾私立院校在校生数所占比重逐年下降:从1990—1991年的81%到1994—1995年的79%,再到1999—2000年的70%、2004—2005年的66%、2005—2006年的65%,② 这从一个侧面反映了资助计划没有达到提高私立高等教育办学质量的实际效果。因为在不可能预期菲律宾政府对私立高等教育有更多资助的情况下,私立院校只得开设价格低廉、学生能够支付得起学费的课程来吸引学生,因此,私立院校的办学质量就很难得到提高。

---

① KITAEV I, Nadurata T, Resurrection V, Bernal F. Student Loans in the Philippines: Lessons from the Past [M]. Bangkok: UNESCO Bangkok /IIEP, 2003: 79.

② OCAMPO S.M. Status of Higher Education in the Philippines [EB/OL].[2005-9-29].http://www.rihed.seameo.org/NewsandEvents/current%20update/pphilippines.pdf.

# 第四章 拉美私立高等教育发展动向

20 世纪 80 年代以来,在新自由主义理论影响下,拉美私立高等教育迅速发展,并呈现出多样化的发展特点及趋势,私立高等教育发展过程中表现出的一些共性特征不仅折射出其发展环境的变化,也反映出私立院校在应对复杂环境时的主动或被动抉择。

作为拉美地区最大的经济体,巴西私立高等教育系统极具特色,是高等教育规模扩张的主力军。自 20 世纪 70 年代起,私立院校在校生数就开始超过公立院校并一直持续至今,但相比公立高等教育,其扩张却是以低质量为代价的,并突出表现在生师比、教师学历及身份等诸多方面。鉴于巴西私立高等教育面临的质量困境,自 20 世纪 90 年代起,巴西政府相继实施了一系列质量保障机制,质量保障机制不断综合化,其中评估机制、评估文化已开始贯穿于私立高校办学全过程。

## 第一节 拉美私立高等教育发展特点及趋势

20 世纪 80 年代,为迅速摆脱金融危机的困扰,在国际组织如世界银行、国际货币基金和美洲开发银行的支持下,拉美各国政府开始实施新自由主义经济改革,并将有限的精力与财力投入到国民经济命脉部门。在教育领域,高等教育的私有化随之成为一种改革潮流,私立高等教育发展迎来了新的发展契机,并呈现出多样化的发展特点及趋势。

### 一、从高等教育市场化到社会责任的承担,关注教育公平

20 世纪 80 年代是拉美高等教育改革与调整的 10 年。这一时期拉美各国实施的以新自由主义为导向的改革,在教育领域更多地体现为政府不同程度地退

出后的高等教育市场化、私有化，政府对教育的财政支出大幅度缩减，教育管制有所放松等。在拉美国家中，智利是新自由主义经济政策实施的起源，是拉美地区高等教育改革的先驱，并被世界银行视为拉美地区高等教育改革的模范与样板。因此，其高等教育，尤其是私立高等教育改革也比较具有代表性。整个20世纪80年代，智利所推行的宏观经济改革均与新自由主义经济模型一脉相承，高等教育改革主要是根据经济自由化、权力下放和公共服务私有化等假设而展开，并试图实现两大目标：大学将其教学成本转嫁到学生或其家庭身上，并鼓励公共部门资源分配过程中的竞争。在学生资助方面，强调通过三种方式来实现彻底的高等教育市场化和私有化，即，减少对大学生的津贴补助、引入收费制度并逐步提高学费标准以及学费收入占高校总收入的比重、强调学生贷款而非学生奖学金或向机构直接提供资助等。20世纪90年代，智利更是强调减少对高等教育部门的公共开支，教育资源分配向基础教育倾斜；引入竞争性资助机制，鼓励高校拓宽收入渠道、提高服务销售收入等。

随着20世纪80年代末期经济危机的爆发，新自由主义改革也基本宣告失败。在新自由主义发展模式弊端逐渐显露的时代大背景下，政府也开始反省高等教育领域的市场化改革，并进行一定程度的纠偏。在这一过程中，高等教育市场化的内涵被充分释放出来。政策制定者和执行者从最初的只强调入学机会和实施成本分担机制，到逐渐关注高等教育办学质量和办学效益的提高，并不断在效率、竞争、公共部门改革的市场原则和社会公平、团结和社会正义等问题之间寻求平衡点。尤其是在世界组织如经济合作与发展组织（OECD）、世界银行的建议下，高等教育从起初的只关注高等教育的私有化、引入竞争机制，鼓励私立部门发展，提供更多的入学机会，到更为关注公平、效率、质量和问责机制，强调私立高等教育应承担的社会责任。而这一转变过程也向私立高等教育提出了更多的要求与期待，私立高等教育也必将经历新一轮的、与起步阶段宽松甚至自由放任的发展政策环境不同的脱胎换骨之痛。

## 二、公、私立大学之间界限模糊，私立院校内部办学差异显著

20世纪80年代实施的新自由主义经济改革，使得原本与市场几乎隔绝的公立部门，开始引入起源于私营部门的管理技术和经验，其办学行为逐渐向私立院校靠拢，这就使得公、私立领域之间的界限逐渐模糊，但私立高等教育内部的两极分化现象依然严重。

## （一）公、私立大学之间界限的模糊

目前，从办学水平和教育职能看，拉美一些办学历史悠久、办学质量较高的私立大学逐渐向公立大学看齐，就收费水平来看，公立大学的市场化也使其有向私立大学靠拢之趋势，这就使得两者的相似性不断增多（见表4-1）。目前，拉美私立大学办学水平不断提高，教师队伍的素质越来越高，科学研究开始成为私立大学的重要职能，如巴西私立大学研究生教育的发展几乎与公立大学同步，智利的公立大学和私立大学在教师的学历方面非常接近，公立高校中具有研究生学历的教师占教师总数的34%，而私立高校中具有研究生学历的教师占教师总数的28%，[①] 在某些国家，如墨西哥，研究生教育甚至已成为私立大学的办学重点。而在市场化方面，拉美公立大学开始收取学费，或者是全面推进，或者是从某一教育层次开始，逐步推进。当然这种相似性还是存在程度差异的，如墨西哥私立大学的工程学、经济学和人文、教育学研究等领域的研究计划只限于硕士学位层次，多为那些有志于提高其专业技能的在职人员而设计，博士学位计划也主要是围绕教学而进行；就兼职教师所占比例来看，私立大学兼职教师比例一般会高于公立大学，甚至教师的学位层次越低，兼职教师所占比例越高等。随着高等教育市场的日趋成熟，尤其是在适龄人口下降的情况下，办学上的相似性，无疑会加剧公、私立大学之间的激烈竞争。对于金字塔底部大量的私立非大学层次的院校来讲，其生存环境则会更加严峻。

表4-1 拉美部分国家公、私立大学间的相似性

| | 政府资助 | | 收费 | | 科研 | | 兼职教师所占比例 | |
|---|---|---|---|---|---|---|---|---|
| | 公立 | 私立 | 公立 | 私立 | 公立 | 私立 | 公立 | 私立 |
| 巴西 | 是 | 是 | 否 | 低廉 | 是 | 是 | 高 | 高 |
| 墨西哥 | 是 | 是 | 象征性 | 是 | 是 | 是 | 高 | 更高 |
| 阿根廷 | 是 | 是 | 否 | 是 | 是 | - | 高 | 高 |
| 智利 | 是 | 是（部分） | 是 | 是 | 是 | 很少 | 高 | 高 |

资料来源：根据各国私立高等教育发展历史整理而成。

---

[①] 安德鲁斯·伯纳斯科尼.关注学术的私立高等教育：智利的新例外主义[J].浙江树人大学学报,2013(2): 5.

## （二）大学与非大学层次差异显著

除了早期的天主教大学以及一些世俗的私立精英大学外，拉美私立院校大多为非大学层次院校，大学和非大学层次之间，甚至宗教与世俗之间的差异非常显著。这种差异性往往使得新成立的、非大学层次的世俗私立院校处于高等教育系统金字塔的底端，并被称为"需求满足型"机构或者"垃圾文凭工厂"。或许从下面一组数字中，我们更能直观地看出拉美私立大学和非大学层次院校之间存在的巨大差异：巴西私立院校中大学中心和学院数占到95%，全国44%的高等教育机构在校生数不足500人；[①]1992年以来，智利非大学层次院校均为私立院校；2005—2006学年，墨西哥87%的"需求满足型"高校是私立高校。从办学规模来看，非大学层次的私立院校往往办学规模较小，如墨西哥40%的这类学校在校生规模只有100人甚至更少，基础设施薄弱、兼职教师和小时工教师比例较高，在校生也主要集中在社会科学领域，尤其是市场需求旺盛的专业领域等。私立大学内部办学质量和规模差异显著。

## 三、实施完善的质量保障机制，并逐步制度化

拉美公立院校全部或部分实施免费教育，而私立院校却收取高额学费，因此如何向学生提供与收费标准相匹配的教育质量，是缓解公、私立教育之间不公现象的重要方面，也是私立院校解决生源问题的关键。因此，拉美私立高等教育办学过程中对质量问题比较重视，从办学之初的许可制到制度化的认证评估，从自愿参加评估到法律法规约束下强制性参与认证评估，质量保障机制已逐步渗透到私立院校运行过程中。

在教育质量保障方面，办学最初的许可制度只是一个准入门槛，是一个最低标准，随着高等教育市场竞争的激烈，为吸引生源，质量的提高与维持开始制度化，并向社会公开认证评估结果。20世纪90年代初期，墨西哥根据联邦法律而创建的大约80多所具有大学地位的私立院校就游说建立大学认证制度，自发推动认证程序，并得到了墨西哥政府的支持。当质量保障机制成为制度化的国家

---

① MELLO J,Renault T.Integrating Entrepreneurial Initiatives in Brazilian Universities[EB/OL]. [2013-09-20].http://www.iked.org/ethiopia/web/paper/pre%20conference%20Abstract%20-%20Mello%20Jose.pdf.

行为时,不仅质量保障机制变得多元化,而且质量标准也会有所提高。而这也是私立院校完善自身、提高社会声誉的重要途径。

从质量保障机制的实施过程来看,拉美国家私立高等教育质量保障机制的发展趋势一般是由自愿性评估到强制性评估,而且评估与认证已经成为私立院校持续经营的必需。例如经联邦法律授权,巴西教育部对即将毕业的本科生实施全国课程评估,该评估就是强制性的,并已成为学生申请学位的先决条件;2006 年墨西哥参议院也立法规定所有大学必须接受外部评估,否则将失去经营许可证,此外还首次提出所有学院层次的课程计划都必须接受强制性的认证。而在此之前,根据法律,私立院校只需遵守教育部的规定即可办学。相比之下,智利私立高等教育的质量保障机制更为严苛。根据法律,智利私立院校不仅办学之初的许可制度是强制实施的,未获得完全自治地位的私立高等教育机构(临时机构)的认可制度也是强制性的。

总体来讲,在竞争日益激烈的高等教育市场面前,作为跨入市场门槛的一个凭证,许可制度的影响力不断在淡化,其作用也不断被削弱。目前,评估与认证结果逐渐成为私立院校进入高等教育市场的一个严肃有力的证明,尤其是某些社会声誉较高的私立院校联合会或协会等的出现,成为其成员本身就表明其在教育质量上已经达到较高水平。

## 四、从补充教育走向选择教育,逐步提高办学质量和办学层次

陈武元教授曾在其《从补充教育走向选择教育:我国民办高校发展的必然选择》中提出"补充教育"和"选择教育"两个概念,并对其进行了界定。他认为"补充教育"是指现有的教育资源不能满足需求,需要另外渠道予以补充,它是一个历史的、动态的概念;"选择教育"是指人们根据自己的需求和能力(包括智力水平、支付能力等)来挑选教育服务的种类。通过对日本、美国私立高等教育发展的历史轨迹的回顾与分析,陈教授认为,教育从本质上说,是一种选择教育。因此,选择教育是私立高校在国家主导型高等教育系统处于高等教育大众化阶段时的一种必然趋势,昭示着私立高等教育发展的应然状态。[1]

---

[1] 陈武元. 从补充教育走向选择教育:我国民办高校发展的必然选择[J]. 教育研究,2008(5):16-17.

根据陈教授的研究结论，我们可适当地做出如下引申与补充：(1) 对于私立院校来讲，"补充教育"是私立高等教育发展历史上的低级阶段，私立院校在其办学之初都无法摆脱其从属性与补充性。(2) 作为选择教育，其补充性仍然存在，但只是作为一种异质化或互补性发展的发展策略而存在。因此，私立高等教育应在关注如何避免与公立高等教育同质化发展的同时，树立自己的特色或凭借高质量的精英教育而与公立院校平起平坐。(3) 私立高等教育从补充教育走向选择教育，不仅仅是指其院校数量的多少，更是指其可供社会选择的院校类型的多样化（尽管私立院校或许会与公立院校同质化发展，但这里的假设是，院校类型的增加会在某种程度上提供更多的可供社会选择的教育机会），高质量的教育以及办学层次的不断提高，即研究生教育的发达程度。结合拉美私立高等教育发展历史及现状，我们认为，补充教育走向选择教育也是拉美私立高等教育的发展趋势，具体我们可以从私立院校类型的增加和研究生教育的发达程度两个维度来进行考察。

第一，尽管拉美大学与非大学层次之间存在巨大的差异性，但私立院校的类型在逐渐增加。以智利为例，1980年改革之前，智利高校类型单一，只有大学。1980年改革后才创建了专业学院和技术培训中心两种类型的院校，其中技术培训中心自创建之日起就只限于私立部门，1992年后专业学院也仅限于私立部门，两者均集中在本科教育。巴西私立院校类型也比较多。按照统计年鉴的统计口径，巴西高校分为大学和大学中心、学院以及联邦技术教育中心和联邦教育、科学与技术中心，除了后两类由联邦举办外，私立院校涵盖了另外三种院校类型。2012年统计数据显示，巴西私立大学、大学中心及学院数占整个高等教育系统的87.4%，其中私立大学占大学总数的44%，私立大学中心占大学中心总数的92.8%，私立学院占学院总数的92.9%。而墨西哥私立高等教育也涵盖了副学士、师范教育、普通本科教育和研究生教育等多个教育层次。

第二，从研究生教育来看，2007年，阿根廷私立院校在校研究生主要集中在硕士和专业硕士，占全国在校研究生总数的18.7%，其中博士生数占其在校博士生总数的13.9%。智利的研究生教育由大学举办，2012年智利私立大学在校研究生数占全国在校研究生总数的比例从1996年的3.7%提高至43.6%。尽管墨西哥研究生教育的发展是20世纪90年代中期以来的事情，但目前墨西哥的研究生教育已相当发达。2012—2013年，墨西哥私立院校在校研究生数占全国研究生总数的比例从90年代初期的30%提高到50.9%，与公立院校的研究生教育不相上下（见表4-2）。相比之下，虽然巴西具有拉美最大的研究生教育体系，但是其2006年私立院校在校研究生数占全国在校研究生总数的比重仅为18.7%，远远低于墨西哥和智利。目前，尽管举办研究生教育的私立院校还只局限于大学层次，或者只集中在硕士研究生教育和专业学位硕士教育，博士研究生教育所占比例也较低，但不可否认的是，对于大量办学历史不长的私立院校来讲，作为高等教育的最高层次，能够举办研究生教育本身表明其教育质量已经达到相当高的水平。

表4-2 拉美部分国家在校研究生[1]数的分布情况

单位：%

| 国家 | 公立 | 私立 |
| --- | --- | --- |
| 巴西（2006） | 81.3 | 18.7 |
| 墨西哥（2012—2013） | 49.1 | 50.9 |
| 阿根廷（2007） | 75.2 | 24.8 |
| 智利（2012）[2] | 56.4 | 43.6 |

注：[1] 研究生包括硕士、博士和专业学位硕士。[2] 不包括CRUCH大学。
资料来源：
① 巴西数据：Ministry of Education, CAPES Foundation [EB/OL]. [2012-08-27]. http://www.capes.gov.br/sobm/estatisticas/.
② 墨西哥、阿根廷和智利数据均根据各国的教育统计年鉴计算而得。

在社会经济发展的影响下，拉美私立高等教育所处的发展环境和制度环境都在发生变化，私立院校在迅猛发展的同时，也经历着改革之阵痛。但随着办学历史的沉淀，社会责任、社会公平、办学质量无疑成为私立院校可持续发展的关键词，学校的改革也都是围绕着它们而展开。而拉美私立院校在改革、提升自身的同时，办学声誉也不断提高，并成为高等教育系统的重要组成部分，发挥着不可替代的作用，这显然已成为世界私立高等教育发展的重要趋势。

## 第二节 巴西私立高等教育的质量困境及其应对机制

作为"金砖五国"之一，巴西私立高等教育发展具有鲜明的特点：庞大的私立部门,起步较晚但发展迅速,是巴西高等教育规模扩张的主力军,但其规模的急速扩张也带来了突出的质量问题。面对质量困境,自20世纪30年代起,巴西政府就持续实施了一系列的质量保障机制,以改善私立院校办学质量。本章节在简要介绍巴西私立高等教育系统的基础上,从生师比、教师学历结构和教师身份等三个维度分析了20世纪90年代以来巴西私立高等教育面临的质量困境,并结合其主要质量保障机制运行情况,总结分析其特点,希冀对我国民办高等教育发展有所启示。

## 一、巴西私立高等教育系统简介

根据办学主体,巴西高等教育机构主要包括公、私立两个部门,公立部门由联邦政府、州政府、市政府来举办,分别被称为国立、州立和市立院校;私立部门则主要由教会、基金会或企业、私人创办。私立院校类型主要包括大学、大学中心、综合学院以及独立学校等。巴西私立高等教育起步较晚,19世纪末20世纪初私立机构才开始出现。1912年巴西已拥有39所私立院校。[①]20世纪四五十年代,私立营利性机构开始出现。20世纪70年代私立院校在校生数已占到全国在校生总数的一半左右。20世纪80年代末以来,受拉美普遍开展的新自由主义运动的影响,巴西新自由主义改革也比较激进,鼓励私立部门内部的多样化。经历20世纪90年代以来的规模扩张,截至2012年,巴西共有高校2416所,其中私立院校2112所,在校生420.8万人,即全国71%的大学生就读于私立院校。

巴西私立高等教育系统具有两个鲜明的特点:(1)"金字塔"型的分布结构。笼统来讲,处于金字塔塔尖的是私立精英大学,塔底则集中了大量多被限制在本科教育层次的私立院校。由于办学层次和办学成本较低、教育质量低下,这类院校通常也被称为"大众取向"或"需求满足型"机构。(2)办学性质的营利与非营利之分。巴西法律对私立院校中具有所有权、以营利为目的的机构和非营利性机构进行了区分,二者最根本的区别在于税收方面。其中非营利性机构几乎不需要交税,多由宗教机构和慈善机构等创办,主要服务社区。而营利性学校必

---

① TOMELIN H.S.S.Access to Higher Education in Brazil[D].Athens:Ohio University,2002:42.

须与其他企业一样支付营业税。在教育实践中，为免除部分税收，许多以利润为导向的机构仍宣称自己为非营利性机构。

## 二、巴西私立高等教育发展面临的质量困境

在巴西，与公立院校相比，私立院校的生源质量相对会差一些。如果说较差的生源质量对私立高等教育发展来讲是"先天不足"，那么私立高等教育的规模扩张速度则使其面临的质量困境愈加凸显。从图4-1我们可以看出，20世纪80年代至90年代中期，巴西高等教育发展速度相对平缓。20世纪90年代中后期以来，巴西私立高等教育开始经历急速规模扩张，其中1995—2006年间私立院校在校生数从105万增至近350万人，翻了两番，高于同期公立院校的扩张速度。2007年以来，巴西私立院校在校生数又增长了15.6%。对于私立院校在校生如此庞大的基数和迅猛的扩张速度来讲，由于办学投入不足，教师增长速度相对过缓，导致生师比居高不下，再加上师资队伍学历结构不合理，全职教师所占比例过低，都严重影响了办学质量。

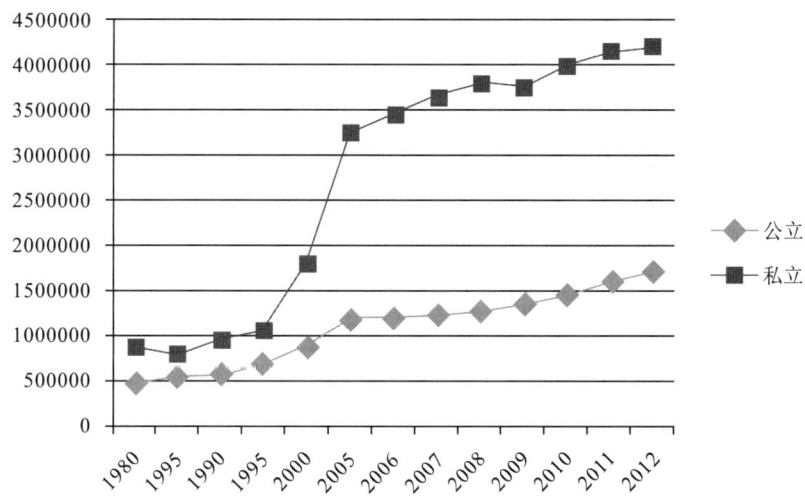

**图4-1 1980—2012年巴西公、私立院校在校生数变化趋势图**

资料来源：INEP. 巴西教育统计年鉴[EB/OL]. [2014-02-20]. http://portal.inep.gov.br/web/guest/sinopses-estatisticas-da-educacao-superior.

## （一）生师比居高不下

对于缺乏财政支持的私立院校来讲，学费是其主要经费来源，生源是其生存之本，特别是营利性机构。由于师资短缺，再加上急速扩张，私立院校的生师比一直高于公立院校，其中20世纪八九十年代为公立院校的两倍左右。21世纪以来，公立院校的规模扩张使得其生师比超过了10∶1，尽管与公立院校的差距有所缩小，但私立院校的生师比一直保持在16～17∶1之间，而且近年来有提高之势，达到了19∶1（见表4-3）。生师比的居高不下，直接导致班级规模过大，不仅影响教师与学生的有效交流，也不利于因材施教，严重影响私立院校办学质量的提高。

表4-3　1980—2012年巴西公、私立院校师生数及生师比变化情况

单位：人、X∶1

| 年度 | 公立 | | | 私立 | | |
| --- | --- | --- | --- | --- | --- | --- |
| | 学生 | 教师 | 生师比 | 学生 | 教师 | 生师比 |
| 1980 | 492232 | 60337 | 8.2 | 885054 | 49451 | 17.9 |
| 1985 | 556680 | 64449 | 8.6 | 810929 | 49010 | 16.5 |
| 1990 | 578625 | 71904 | 8.1 | 961455 | 59737 | 16.1 |
| 1995 | 699540 | 76268 | 9.2 | 1059163 | 69022 | 15.3 |
| 2000 | 887026 | 88154 | 10.1 | 1807219 | 109558 | 16.5 |
| 2005 | 1192189 | 104119 | 11.5 | 3260967 | 201841 | 16.2 |
| 2006 | 1209304 | 106999 | 11.3 | 3467342 | 209883 | 16.5 |
| 2007 | 1240968 | 115865 | 10.7 | 3639413 | 218823 | 16.6 |
| 2008 | 1273965 | 119368 | 10.7 | 3806091 | 219522 | 17.3 |
| 2009 | 1351168 | 122977 | 11.0 | 3764728 | 217840 | 17.3 |
| 2010 | 1461696 | 130789 | 11.2 | 3987424 | 214546 | 18.6 |
| 2011 | 1595391 | 139584 | 11.4 | 4151371 | 217834 | 19.1 |
| 2012 | 1715752 | 160374 | 10.7 | 4208086 | 218565 | 19.3 |

资料来源：INEP．巴西教育统计年鉴[EB/OL]．[2014-02-20] http://portal.inep.gov.br/web/guest/sinopses-estatisticas-da-educacao-superior．

## (二)教师学历结构参差不齐

巴西公、私立院校教师队伍的学历结构差异比较显著。历史地看,20世纪90年代以来,巴西公、私立院校教师的学历结构都更为优化,"无学位"教师基本销声匿迹,"毕业生"教师所占比例也大大降低。但公、私立院校教师所持有学位的集中程度却相差甚远。2012年,巴西私立院校81%的教师集中在学士和硕士学历层次,具有研究生学位(硕士和博士)的教师占到63%,其中具有博士学位的教师所占比例较低,只占到17.8%,与此形成强烈反差的是,公立院校81%的教师集中在研究生学位(硕士和博士)学历层次,其中具有博士学位的教师占到51.4%,是教师队伍中所占比例最高的(见图4-2)。公、私立院校教师学历结构差距也可由另一个指标进行佐证,2012年,全国67.1%的具有博士学位的教师任职于公立院校。对私立院校来讲,尽管科研并不是其主要任务,专业设置和本科教育层次对教师的学历要求并不高,但是师资的学历结构一定程度上还是会影响到私立高等教育的办学质量。

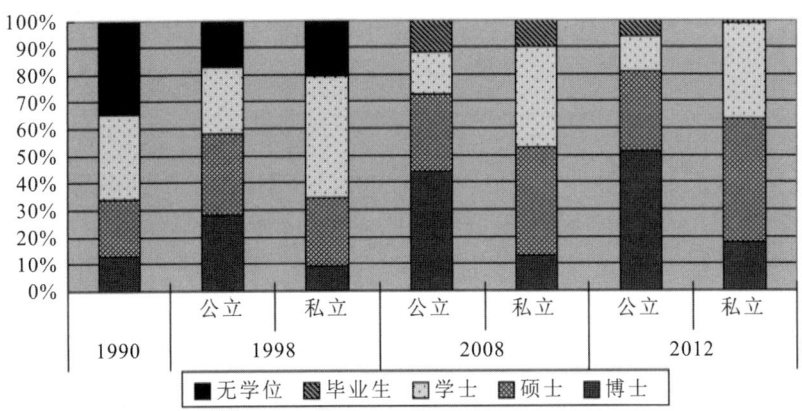

图 4-2 1990—2012 年巴西公、私立院校教师的学历分布情况

资料来源:INEP. 巴西教育统计年鉴 [EB/OL]. [2014-02-20]. http://portal.inep.gov.br/web/guest/sinopses-estatisticas-da-educacao-superior.

## (三)非专职教师所占比重较大

相比专职教师,兼职教师和小时工教师缺乏稳定性,相对比较松散,一般会出现师生有效沟通时间缺乏,教师责任心不足,教学松懈等问题,这些因素都会直接影响到私立院校的办学质量。与公立院校相比，巴西私立院校师资队伍不甚稳定，兼职教师和小时工教师所占比例过高。1998年，巴西私立院校兼职教师和小时工教师所占比重高达85.2%，而公立院校仅占到26.9%；2008年，尽管私立院校专职教师从1998年的14.8%上升至18.6%，但整体变化并不显著。2012年，随着小时工教师所占比例降至40%左右，专职教师所占比例也从2008年的18.6%提高到24.2%（见图4-3），私立院校严重依赖兼职教师和小时工的状况略有改善。

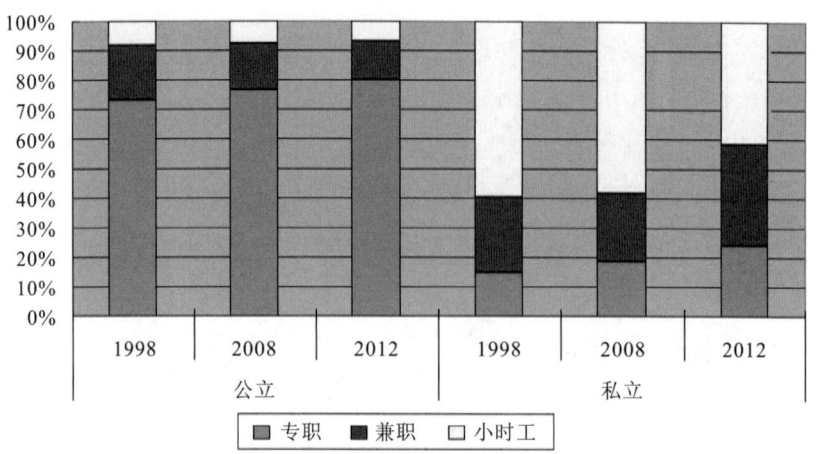

**图4-3　1998、2008和2012年巴西公、私立教师的学历分布情况**

资料来源：INEP. 巴西教育统计年鉴 [EB/OL]. [2014-02-20]. http://portal.inep.gov.br/web/guest/sinopses-estatisticas-da-educacao-superior.

单就私立部门内部，包括大学与非大学机构、营利性与非营利性院校，各自教师队伍结构的稳定性也存在很大的差异。以教师队伍中专职教师所占比重为例，一般来讲，非营利性院校高于营利性院校，大学层次高于非大学层次。可以说，专职教师所占比重的高低一般与办学质量呈正相关。

## 三、主要实施的质量保障机制

面对私立高等教育发展遭遇的质量困境，巴西政府并未听之任之，而是一直在不断探索，并不断修正、完善教育质量保障机制，试图为私立高等教育发展营造一个良好的制度环境。巴西政府的努力可以追溯至20世纪30年代，并一直持续到今天，而且质量保障机制所覆盖的教育层次更多，内涵也更为丰富。早在

1891年宪法颁布后,联邦政府就开始严格控制高等教育的课程以及文凭、证书的认可。1931年设立教育部后,国家批准高等教育机构进行教学,并保证所开设专业的质量,对高等教育质量的控制开始常态化,并逐步贯穿于办学全过程。

### (一)全国教育委员会(CNE)的设立(20世纪30年代至1995年)

全国教育委员会(Conselho Nacional de EducaVdo,CNE)设立于20世纪30年代,是教育部的下设机构,主要负责私立大学或学院的初步审批,审查课程计划、最高收费标准,以及为课程、文凭和学位等的有效性制定规则等。由于联邦高校和州政府高校的创建主要依据特定的法律法规,因此在实践中CNE主要监管私立部门。但是由于高等教育资源短缺,当社会需求强烈而现有资源无法满足时,政府一般会鼓励私人办学,并放宽准入标准,简化审批程序。1976年之前,巴西政府对私立高等教育发展实行自由的、去管制的策略,自1976年起则实施较为严格的认证政策。具体表现为:1968—1976年间,全国私立院校提交的1500个课程开设申请计划中,73%的申请都可获得CNE批准,私立高等教育的扩张达到顶峰。1976年,由于较为严格的认证政策的实施,私立高等教育过快的发展势头开始减缓。1977年之后,形势更是不容乐观。1980年,私立院校提交的10000个课程开设申请计划中只有10%获得批准。[①] 基于社会需求以及对私立院校办学质量作出的判断,不同时期巴西政府对私立高等教育发展的态度截然不同。此后,由于联邦政府怀疑腐败现象使得"低质量私立大学的创建条件已变得过于宽泛",1995年CNE被联邦政府撤销,并被新的委员会所取代。而新的委员会也试图制定严格的规范,建立定期评估和更新大学地位的机制。[②]

### (二)全国课程评估(ENC)的实施(1996—2003年)

1995年年底,教育部制定一个全面、系统的高等教育评估制度,其中一个重要部分就是全国课程评估(Exame Nacionalde Cursos,ENC)。1996年,教育部开始实施ENC,该评估旨在通过对即将完成本科课程学习的学生的评估,来衡量学生所学知识和获得的专业技能,向公众提供更多的关于课程质量的信息,帮

---

① SCHWARTZMAN S.Higher Education in Brazil: The Stakeholders[R]. Washington D. C.:The World Bank,1998:5-6.

② SCHWARTZMAN S.Higher Education in Brazil: The Stakeholders[R]. Washington D. C.:The World Bank,1998:5-6.

助学生及其家长进行课程选择，并向教育部提供可用于高等教育机构认证和再认证的资料。ENC 由面向各个学科门类或专业领域学生而进行的毕业测试所组成，测试成绩自高到低分为 A 至 E 五个等级。测试结果一旦公布，常被私立部门拿来进行广泛、大力宣传，或尝试改善其不利处境。但是，由于引进之前并未向社会公开征求意见，该项测试自实施以来就受到学生社团、教师团体以及许多高等教育机构的强烈反对，并于 2003 年被宣布终止。2003 年 9 月卢拉政府对全国课程评估进行了改革，新设了两个委员会，将考试政策的制定和实施分开进行，并将考试命名为全国学生评估考试（ENADE），由全体学生参与改为抽取一定比例参与，而该考试也成为后来全国高等教育评估制度的重要组成部分。

（三）全国高等教育评估制度（SINAES）的实施[①]（2004 年至今）

根据 2004 年第 10861 号法令，巴西开始实施全国高等教育评估制度（National System of Accreditation de la Educación Superior，SINAES）。该制度旨在改善高等教育质量，引导高校增加高等教育入学机会，提高高校在学业和社会服务方面的效率和效力，特别是提高其对社会的责任意识，兑现其对社会的承诺。此后的 2004 年第 2051 号法令还对这一制度进行了补充，规定 SINAES 还应在全国高等教育评估委员会（CONAES）的协调和监督下，促进本科教育和机构评价，提高学生学业成绩。

SINAES 主要由机构评估、（本科和研究生）课程评估和全国学生评估考试（ENADE）三个部分组成，主要围绕高校职能、学生表现和软、硬件设施等三个领域，依次进行内部自我评估、外部评估、全国学生评估考试（ENADE）和课程评估及信息公布（普查和登记）等。评估原则为：(1) 无论是内部评估还是外部评估，机构评估应综合考虑每所学校的办学方向与目标、结构、社会承诺及课程的社会责任等；(2) 确保评估过程中所有程序、数据和结果向社会公开；(3) 尊重机构身份和课程的多样性；(4) 学生、教师、技术人员以及民间社会团体应参与高校管理，评估应听取他们的意见。作为协调和监督 SINAES 运行的国家管理机构，全国高等教育评估委员会（CONAES）的主要任务是，就评估各个组成部分的程序和机制，以及评估委员会的提名与组织发布指令并提出建议。

---

① MEC. 巴西全国高等教育评估制度 [EB/OL]. [2014-08-09]. http://portal.mec.gov.br/component/content/article?id=13082:apresentacao-conaes.

此外，从20世纪50年代起，巴西政府还开展了研究生课程评估。1951年高等教育协调与促进中心（CAPES）成立，主要负责检查和评估公、私立院校的研究生课程，确保对其质量进行有效控制。从实施效果来看，研究生课程评估不仅促进了第一个硕士和博士项目的创建，还促进了本科课程质量的提高。目前这一评估机制仍在运行中。

从实施效果看，巴西实施的质量保障机制对私立院校发展产生了积极影响。具体表现为：首先为了提高学校的声誉，吸引更多的学生入学，私立院校必须在课程开设、课程管理和教学水平等方面下很大功夫，从而使学生在测试中取得良好成绩，这对私立院校办学质量的提高是一个良性循环的过程。其次，评估程序和结果必须公开的规定，使得私立院校的办学也更为开放，而这也是有法律法规予以保障的。如2005年的第2864号法令就规定高等教育机构应公开并及时更新自己的网页，向社会公开其课程及办学条件。

## 四、特点与启示

### （一）质量保障机制不断综合化，但提升完善空间仍较大

为促使私立院校提高高等教育质量，巴西政府可谓是煞费苦心，而在不断探索中，评估机制也从单一化逐渐向多元化和综合化发展。起初，巴西政府主要采取宏观的机构评估的形式，通过定期评估和更新高校地位的方式来监管私立部门发展，此后的全国课程评估则对课程进行动态的年度评估，通过考查学生表现来了解学校的办学质量。而目前实施的全国高等教育评估制度就是集机构评估、（本科和研究生层次）课程评估和学生表现评估于一身，评估制度更为综合化。但是就技术层面而言，这些评估还停留在宏观层面，对于复杂而微观的办学过程而言，仅限于院校层面评估、课程评估和学生表现评估显然是不够的，师资力量、办学资源的投入与分配等对于办学质量的影响也不容小觑，如果不把这些指标纳入质量评估体系显然是不科学的。此外，鉴于生源质量较差，评估标准对私立院校的适用性、评估标准的统一性与课程的多样化和特色化之间的矛盾、评估等级过于模糊，缺乏与评估结果相适应的奖惩机制等常受到诟病。从实施中遇到的阻力和困难及实施效果来看，巴西的私立高等教育质量保障机制还有很大的完善空间。

### （二）立法保障和行政权力并用，加快质量保障机制建设

《高等教育法》关于"私立院校"一章中第四十六条提到"学术学位是学生从事职业的必需、与国际高等教育对接的需要"等。据此，私立院校必须接受政府的控制。具体以全国课程评估（ENC）的实施为例，由于巴西学生所获得的学位必须在教育部注册方能得到法律的认可，而教育部实施评估的权力是经联邦法律授权的，因此，参加毕业测试就成为学生申请获得学位的先决条件，且是强制性的。由此可见，巴西私立高等教育质量保障机制的实施是在法律的保障下推进的。但是，当质量保障机制因其自身缺陷而导致执行难以达到预期效果时，行政权力的作用就会比较凸显，总统甚至会越过教育部或专门的教育管理委员会来行使权力。如1985年发布的总统高等教育报告，就直接越过官僚化、效率低下的教育部和全国教育委员会的办事程序，针对高等教育发展提出一些建议，包括实施一些计划，为大学自身评估提供支持等，并建立了全国专家委员会，定义和修改不同领域核心课程的最低标准等。正是法律保障和行政权力的双管齐下，常规制度和应急机制的互相配合，巴西私立高等教育的质量保障机制才不断丰富与完善。

### （三）善于利用评估机制，让评估文化贯穿办学全过程

目前，巴西私立高等教育的质量保障机制更多的是一种外部监督、约束机制，而且质量保障措施都是在管理上下功夫，较为关注评估本身，反而对评估结果的重视度和利用不够。如何让目前正在形成的评估文化内化于心，外化于办学全过程？或许巴西私立高等教育质量保障完善的重点应放在合理利用评估结果，善于利用评估机制，使教育评估从政府的外在要求逐渐转化、落实为私立院校的内在行动上。具体可通过实现中等教育和高等教育质量保障机制的有序衔接，从源头即生源质量上提高私立院校办学质量，或者实施与认证结果挂钩的奖惩机制，赏罚分明，强化私立院校的准入与退出机制等，让评估文化贯穿于办学始终。

# 参考文献

[1] ARCELO A.A. In Pursuit of Continuing Quality in Higher Education through Accreditation: The Philippine Experience [M]. Paris: International Institute for Educational Planning, 2003.

[2] ALTBACH P.G, Umakoshi, T.Asian Universities: Historical Perspectives and Contemporary Challenges [M]. Baltimore and London: The Johns Hopkins University Press, 2004.

[3] CYNTHIA D.B.Editor's Note [N]. The Philippine Daily Inquirer, 2006-05-14.

[4] CORPUS M.T.Historical Perspective of the Philippine Quality Assurance System [J]. Journal of Philippine Higher Education Quality Assurance, 2003(1).

[5] DATO N.BT, Hamid A.Private Higher Education in Malaysia: Current Development and Future Direction [C]//Private Higher Education in Asian and the Pacific. Xiamen: Xiamen University, 1996.

[6] KIM S.B, Kim S.W.Private Universities in South Korea [J]. International Higher Education, 2004(37).

[7] KITAEV I, Nadurate T, Resurrection V, Bernal F.Student Loans in the Philippines: Lessons from the Past [M]. Bangkok: UNESCO Bangkok/IIEP, 2003.

[8] LEE M.N.N. The Impact of the Economic Crisis on Higher Education in Malaysia [J]. International Higher Education, 1999(1).

[9] LEE S.H.Korean Private Higher Education Faces Economic Crisis [J]. International Higher Education, 1998(13).

[10] MIDDLEHURST R, Woodfield S. The Role of Transnational, Private and For-Profit Provision in Meeting Global Demand for Tertiary Education: Mapping, Regulation and Impact-Case Study Malaysia [M]. Canada: Common Wealth of Learning and UNESCO, 2004.

[11] VALISNO M.D.Quality Assurance in Philippine Higher Education: Lessons Learned [C]//International Conference on Quality Assurance in Higher Education: Standards, Mechanisms and Mutual Recognition. Bangkok: Bureau of Higher Education Standards, Ministry of University Affairs, 2000.

[12] NORDIN M.Y.Quality Assurance in Higher Education: Benchmarking-The Malaysia n Case [C]//International Conference on Quality Assurance in Higher Education: Standards, Mechanisms and Mutual Recognition. Bangkok: Bureau of Higher Education Standards, Ministry of University Affairs, 2000.

[13] PADUA R.N. International Higher Education Quality Assurance Practices: Situating the Philippine System [J]. Journal of Philippine Higher Education Quality Assurance, 2003(1).

[14] SANTIAGO A.L. Cross-Border Transactions in Higher Education: Philippine Competitiveness [J]. Philippine Institute for Development Studies Discussion Paper Series, 2005(27).

[15] SATURNINO M.O. Status of Higher Education in the Philippines [C]// Paper Delivered during the Regional Seminar on "Higher Education in Southeast Asian Countries: A Current Update"; SEAMEO-Regional Center for Higher Education and Development (SEAMEO-RIHED); Bangkok, Thailand, 2005.

[16] SCHWARTZMAN S.Higher Education in Brazil: The Stakeholders[R]. Washington D.C.: The World Bank, 1998.

[17] TAN A.M. Malaysian Private Higher Education: Globalization, Transformation, and Marketplaces [M]. London: Asian Academic Press, 2002.

[18] TOMELIN H.H.S. Access to Higher Education in Brazil [D]. Athens: Ohio University, 2002.

[19] VALISNOM D. Quality Assurance in Philippine Higher Education: Lessons Learned. International Conference on Quality Assurance in Higher Education: Standards, Mechanisms and Mutual Recognition [C]//International Conference on Quality Assurance in Higher Education: Standards, Mechanisms and Mutual Recognition. Bangkok: Bureau of Higher Education Standards, Ministry of University Affairs, 2000.

[20] WEIDMAN J.C, Park N. Higher Education in Korea: Tradition and Adaptation

[M]. New York: Falmer Press, 2000.

[21] WILKINSON R, Yussof I. Public and Private Provision of Higher Education in Malaysia: A Comparative Analysis [J]. Higher Education. 2005, 50(3).

[22] ADMIN. Plans to Induce the Merger and Acquisition of Private Universities [EB/OL]. [2005-12-07]. http://englishi.moe.go.kr/board/brd_svr_read.jspsrchSel=&srchVal=&brd_no=52& cp=1&brd_mainno=270.

[23] ADMIN. University Reform and M&A [EB/OL]. [2005-10-26]. http://englishi.moe. go.kr/2005-10-26.

[24] CHED. Higher Education Data 2003-2004 [EB/OL]. [2019-05-28]. https://ched.gov.ph/wp-content/uploads/2017/09/AY-2003-2004.pdf.

[25] CHOI J.Y.Country Report: South Korea [EB/OL]. [2006-01-02]. http://www.unesco.or.kr/kor/activity2005/ed/data_wche/CountryReportKorea.doc.

[26] Gill S.K. The Implications of WTO/GATS on Higher Education in Malaysia [EB/OL]. [2006-05-30]. http://unesdoc.unesco.org/images/0014/001467/146742e.pdf.

[27] HASSAN A.Current Practices of Malaysia Higher Education [EB/OL]. [2007-11-20]. http://www.ctu.edu.vn/dh-ct40nam/thamluan/current%20practices.pdf.

[28] KEDI.Brief Statistics on Korean Education 2005 [EB/OL]. [2006-02-22]. http://english.moe.go.kr/main.do?s=English.

[29] KUALA LUMPUR. Is Your Course Recognized? [N]. New Straits Times, 2006-02-01.

[30] Malaysia Quality Assurance System in Higher Education [EB/OL]. [2006-02-20]. http://siteresources.Worldbank.org/EDUCATION/Resources/malaysia-qa-system.pdf.

[31] MEC.Comissão Nacional de Avaliação da Educação Superior [EB/OL]. [2014-08-09]. http://portal.mec.gov.br/index.php?option=com_content&view=article&id=13082: apresentacao-conaes&catid=323: orgaos-vinculados&Itemid=882.

[32] MELLO J, Renault T. Integrating Entrepreneurial Initiatives in Brazilian Universities [EB/OL]. [2013-09-20]. http://www.iked.org/ethiopia/web/paper/pre%20conference%20Abstract%20-%20Mello%20Jose.pdf.

[33] SULAIMAN A.N. Current Update of Higher Education in Malaysia [EB/OL]. [2006-05-26]. http：//www.rihed.seameo.org/NewsandEvents/current%20update/pmalaysia.pdf.

[34] TAN E.A.School Fee Structure and Inflation in Philippine Higher Education [EB/OL]. [2007-05-20]. http//dirp3.pids.gov.ph/silver/documents/Tan%20paper.pdf.

[35] VEA R.B. Higher Education And Accreditation System in the Philippines [EB/OL]. [2005-10-28]. http：//www.ieee.org/organizations/eab/apc/cgaa/presentations/Philippines-Vea.ppt.

[36] 爱德华·希尔斯. 学术的秩序 [M]. 李家永，译. 北京：商务印书馆，2007.

[37] 关正夫. 日本高等教育的改革动向 [M]. 陈武元，译. 厦门：厦门大学出版社，1991.

[38] 达托·努来扎·A. 哈米德. 马来西亚私立高等教育的现状与未来 [M]// 亚太地区私立高等教育国际研讨会论文集. 厦门：厦门大学高教所，1996.

[39] 金忠明，等. 中国民办教育史 [M]. 北京：中国社会科学出版社，2003.

[40] 理查德·鲁克. 高等教育公司：营利性大学的崛起 [M]. 北京：北京大学出版社，2006.

[41] 王留栓. 亚非拉十国高等教育 [M]. 上海：学林出版社，2001.

[42] 文部省. 文部统计要览 [M]. 东京：第一法规出版株式会社，1990.

[43] 厦门大学校史编委会. 厦门大学校史(第一卷)[M]. 厦门：厦门大学出版社，1990.

[44] 傅频. 菲律宾私立高等教育政策、法规研究 [D]. 厦门大学硕士学位论文，1996.

[45] 安德鲁斯·伯纳斯科尼. 关注学术的私立高等教育：智利的新例外主义 [J]. 浙江树人大学学报，2013(2).

[46] 陈武元. 从补充教育走向选择教育：我国民办高校发展的必然选择 [J]. 教育研究，2008(5).

[47] 陈武元. 论私立高等教育发展的制度环境——兼论中国民办高等教育发展的制度环境选择 [J]. 教育发展研究，2008(5-6).

[48] 范国睿. 民办教育发展的保障与促进：解读《中华人民共和国民办教

育促进法》[J]. 教育发展研究 , 2003(7).

[49] 韩民 , 张力 .《民办教育促进法》颁布实施的意义及其政策课题 [J]. 教育研究 , 2004(4).

[50] 黄建如 , 李三青 . 马来西亚留学教育的变化及其原因探析 [J]. 厦门大学学报（哲学社会科学版）, 2006(6).

[51] 季俊杰 . 突破与局限：《中华人民共和国民办教育促进法实施条例》述评 [J]. 河南职业技术师范学院学报（职业教育版）, 2004(4).

[52] 姜彦君 . 不同类型的民办学校"合理回报"政策的选择 [J]. 浙江万里学院学报 , 2004(1).

[53] 洁安娜姆 , 洪成文 . 马来西亚高等教育国际化策略分析 [J]. 比较教育研究 , 2005(7).

[54] 李红 , 韦家朝 . 经济危机对马来西亚高等教育的冲击及其对策 [J]. 广西大学学报（哲学社会科学版）, 1999(5).

[55] 卢彩晨 . 日本私立大学倒闭的状况及其启示 [J]. 民办高等教育研究 , 2006(4).

[56] 米拉劳 . 菲律宾社会研究对教育政策与改革的影响 [J]. 国际社会科学中文杂志（中文版）, 2005(1).

[57] 潘懋元 . 写在《民办教育促进法》即将实施之前 [J]. 黄河科技大学学报 , 2003(3).

[58] 宋秋蓉 .20 世纪上半叶中国私立大学产生与发展的历史轨迹 [J]. 高等教育研究 , 2006(11).

[59] 宋秋蓉 . 民国时期中国人的私立大学观——20 世纪上半叶中国各类私立大学发展的观念原因 [J]. 民办教育研究 , 2007(1).

[60] 陶西平 . 正确把握《民办教育促进法》的核心内容 [J]. 黄河科技大学学报 , 2003(4).

[61] 天野郁夫 .21 世纪的高等教育系统：特罗"理论"的再思考 [J]. 陈武元 , 译 . 现代大学教育 , 2007(5).

[62] 汪家镠 . 关于民办教育促进法中的几个问题 [J]. 教育与职业 , 2003(9).

[63] 未名 . 确认马来西亚大专课程——请上学术鉴定局网页查证 [J]. 出国与就业 , 2003(24).

[64] 邬大光. 投资办学：我国民办高等教育的本质特征［N］. 科学时报，2006-5-9.

[65] 伍金球. 菲律宾高等教育发展的经验及对我国的启示 [J]. 高教探索，2006（1）.

[66] 吴绍芬. 重在促进发展贵在规范有序 [J]. 中国高等教育，2003(6).

[67] 吴雪萍，陈澍. 马来西亚高等教育质量保障机制探析 [J]. 江苏高教，2006(4).

[68] 张帆. 德国私立高校的发展和变化——以不来梅雅各布斯大学为例 [J]. 国家教育行政学院学报，2007(11).

[69] 张国才. 菲律宾国家资助私立教育法规述评 [J]. 现代教育论丛，1994(5).

[70] 大学捐赠基金的驱动力 [EB/OL]. [2010-04-16]. http：//www.chinavalue.net/Media/Article.aspx?ArticleID=56668&PageID=3.

[71] 马来西亚教育部私立教育部 [EB/OL]. [2000-05-10]. http：//learning.sohu.com/20000510/100048.html.

[72] 韩国高等教育法 [EB/OL]. [2019-03-04]. http：//www.chinaedukr.org/publish/portal109/tab5125/info92091.htm.

[73] 韩国私立学校法 [EB/OL]. [2019-03-04]. http：//www.chinaedukr.org/publish/portal109/tab5125/info92084.htm.

# 附录一

# 深圳市民办教育管理条例

## （专家建议稿）

（本章共 5 条，主要涉及立法宗旨、立法依据、适用范围、民办学校的法律地位及限制范围。）

### 第一章 总 则

**第一条 [立法目的与依据]** 为扶持与规范民办教育发展，根据《中华人民共和国民办教育促进法》、《中华人民共和国民办教育促进法实施条例》等有关法律法规的规定，结合深圳市实际，制定本条例。

（制定本条例的目的和主要法律依据。）

**第二条 [适用范围]** 企事业单位、社会团体及其他社会组织和个人利用非财政性经费或者利用国有资产，面向社会举办学校及其他教育机构的活动（以下简称民办学校），适用本条例。

（立法依据是《民促法》第二条与《实施条例》第二条。）

**第三条 [民办教育的性质与发展方针]** 民办教育事业属于公益性事业，是深圳市教育事业的重要组成部分。各级政府应当认真贯彻"积极鼓励、大力支持、正确引导、依法管理"的方针，将民办教育事业纳入本地区国民经济和社会发展规划。

（立法依据是《民促法》第三条。）

**第四条 [法律地位]** 民办学校与公办学校具有同等的法律地位，各级政府保障民办学校的办学自主权。

各级政府保障民办学校举办者、校长、教职工和受教育者的合法权益。

（立法依据是《民促法》第五条。）

**第五条 [限制范围]** 实施义务教育的公办学校不得转为民办学校。严格限制公办学校参与举办民办学校。

（立法依据是《实施条例》第六条。）


（本章共 4 条，立法目的在于规范现行深圳市各级行政部门的管理职责，立法依据是《教育法》第十五条和《民促法》第八条与第十一条。）

## 第二章　行政部门的管理职责与分工

**第六条 [管理体制]** 建立和完善分级办学、分级管理、分级负责的民办教育管理体制。教育、财政、劳动和社会保障、民政、物价、工商、税务、公安消防、卫生、技术监督等部门，必须依法承担对民办学校的管理职责。

教育行政部门应当在其内部设置社会力量办学管理办公室，并将民办教育管理纳入其他职能部门的日常管理工作。

**第七条 [管理职责]** 市教育行政部门是全市民办教育的主管部门，主要职责是：

（一）贯彻国家和广东省关于民办教育的法律、法规、方针、政策，结合本市实际，制定民办教育的具体政策和规章制度；

（二）制定本市民办教育发展规划和工作计划并组织实施；

（三）负责高级中学和完全中学等学历教育的民办学校的设立、调整、终止的审批。受理民办高等学校申请筹建或正式建校的申请报告及审核办学条件，并按有关规定报广东省以及国家教育行政部门审批；

（四）组织开展全市民办教育的检查、评估、表彰、奖励、信息统计、经验交流、调查研究、学术研讨等活动，并按有关规定向上一级教育行政部门汇报；

（五）指导和协调各区的民办教育工作。

**第八条 [管理职责]** 区教育行政部门是本区民办教育的主管部门，主要职责是：

（一）贯彻国家、广东省和本市关于民办教育的法律、法规、方针、政策、规章制度，结合实际制定本区民办教育的具体政策和规章制度；

（二）制定本区民办教育发展规划和工作计划并组织实施；

（三）负责高级中学以下学历教育和幼儿教育、自学考试助学、文化补习等非学历教育的民办学校的设立、调整、终止的审批。负责本区高级中学和完全中学申请筹建或正式建校的申请报告及办学条件的审核与考察，并提出参考意见报市教育行政部门审批；

（四）组织开展全区民办教育的检查、评估、表彰、奖励、信息统计、经验交流、调查研究、学术研讨等活动，并负责向上一级教育行政部门汇报；

（五）指导和协调本区的民办教育工作。

**第九条 [审批权限]** 举办实施以职业技能为主的职业资格培训、职业技能培训的民办学校，由区以上政府劳动和社会保障行政部门按照有关规定的权限审批，并抄报同级教育行政部门备案。

（本章共20条，立法目的在于规定民办学校的最低准入门槛，这是保障民办学校教育教学质量的前提，从而确保教育整体水平，确保公民办学校的水平不至于拉得太大。立法依据是《教育法》、《高等教育法》、《职业教育法》、《教师法》、《民促法》和《实施条例》的有关规定。）

### 第三章 民办学校的设立

**第十条 [申办资格]** 举办民办学校的社会组织，应当具有法人资格；举办民办学校的个人，应当具有政治权利和完全民事行为能力。

有下列情形之一的，不得申请举办民办学校：

（一）无民事行为能力或者限制民事行为能力的；

（二）有刑事犯罪记录的；

（三）曾担任过因违法被吊销营业执照或者办学许可证的组织或者学校的法定代表人，并负有个人责任的；

（四）不能提供合格资产证明的；

（五）国家现职工作人员；

（六）有宗教组织、宗教机构、宗教学校和宗教教职背景的。

（立法依据是《民促法》第九条，为了便于操作，列出不得申办的六种情形。）

**第十一条 [申办基本条件]** 设立民办学校,根据教育法、高等教育法、职业教育法的规定,必须具备下列基本条件:

(一)有组织机构、办学章程和管理制度;

(二)有明确的办学宗旨、培养(培训)目标和符合要求的教学计划、教学大纲及教材;

(三)有具备任职条件的专职校(院、园)长;

(四)有与教育教学相适应的、合格的专兼职教师和管理人员;

(五)有与办学层次、类型、规模相适应的固定的教学和生活场所及设施设备等;

(六)有符合规定数额的办学资金和稳定的经费来源;

(七)符合国家利益和社会公共利益以及本地教育事业发展规划的要求。

(立法目的在于明确申办学校必须具备的基本条件,《教育法》第二十六条、《高等教育法》第二十五条、《职业教育法》第二十四条均有规定。此条主要强调审批机关批准民办学校设立时应当考虑的几个重要因素。至于民办学校的设立,应当结合本条例第十七条全面考虑。)

**第十二条 [申办条件附加要求]** 民办学校租赁的校舍、教学场所、教学实验设备及图书资料等,须具有法律效力的租赁契约。为保证办学的稳定性,租赁期限应当比教育的学制多 1~2 年。

(针对租赁校舍的民办学校提出此条要求,目的在于保证办学的稳定性。)

**第十三条 [申办条件附加要求]** 举办函授、广播电视、刊授等远距离教育的民办学校,除必须具备本条例第十一条规定的条件外,还应具备完善的远距离教学管理和服务网络。

(针对举办函授、广播电视、刊授等远距离教育的民办学校提出此条要求,主要考虑到这类学校的特殊性。)

**第十四条 [校长任职资格]** 民办学校的校长(院长、园长)除必须具备良好的政治思想素质、职业道德、身体健康、年龄不超过 70 岁等条件以外,还应当具备下列相应的任职条件:

(一)民办高等学校的校长须具有大学本科以上学历、副高级以上专业技术职务,且持有市教育行政部门认可的"校长任职资格证书"。

(二)民办高级中学或完全中学的校长须具有大学本科以上学历、中学一级教师以上专业技术职务，且持有市教育行政部门认可的"校长任职资格证书"。

（三）民办初级中学的校长须具有专科以上学历、中学一级教师以上专业技术职务，且持有市教育行政部门认可的"校长任职资格证书"。

（四）民办小学的校长须具有专科以上学历和教师专业技术职务，且持有市教育行政部门认可的"小学校长任职资格证书"。

（五）民办幼儿园的校长（园长）须具有幼儿师范专业毕业及其以上的学历。

（校长是一所学校的灵魂，是决定一所学校办学水平的重要因素，因此对担任这个职务的任职资格必须明确提出要求。其立法依据是《民促法》第二十三条。）

**第十五条 [审批权限]** 申请设立民办学校的，除本条例第十六条另有规定的以外，按照各级教育行政部门的管理权限分级审批。

（立法依据是《教育法》第十五条，《民促法》第八条、第十一条。）

**第十六条 [特例处理]** 举办医学、艺术、体育、武术、饮食、汽车驾驶、法律、财经、保安等专业性较强的民办学校，经有关行政主管部门审核同意后，按其举办民办学校的层次，分别由国家、省、市、区教育行政部门审批。

（针对举办专业性强的民办学校提出此条要求，主要考虑这些专业的特殊性。）

**第十七条 [申办文件]** 申请举办民办学校的，举办者应当向审批机关提交下列材料：

（一）申请报告和办学可行性论证报告，论证报告内容应当主要包括：举办者、培养（培训）目标、办学规模、办学层次、办学形式、内部管理体制、经费筹措与管理使用等。

（二）举办者的资格证明文件，即：

举办单位的法人资格证明原件和复印件；

公民本人身份证原件和复印件。

（三）拟任校长和拟聘教师和财会人员的资格证明文件。

（四）拟办学校的章程，内容应当包括：民办学校名称、地址；法定代表人姓名、住址；办学宗旨；办学规模；专业设置和教育层次或者培训项目和层次；教育形式；内部管理体制；经费来源、资产和财务制度；决策机构的产生方法、人员构成、任期、议事规则等；是否要求合理回报；学校盈余分配制度；学校自行终止事由；章程修改程序；其他必须由章程规定的事项。

（五）拟办学校的发展规划。

（六）拟办学校的资产来源、资金数额及有效证明（须正规会计事务所出具的资产证明），并载明产权；属捐赠性质的资产须提交捐赠协议，载明捐赠人的姓名、所捐资产的数额、用途和管理办法及相关有效证明。

资产证明记载的资金不得少于论证报告提出的办学资金的50%。

（七）办学场所的房产证或者合法的租赁合同。

（八）校舍的消防验收合格证以及校园安全保障措施。

（九）有关行政主管部门的书面审核意见。

（十）审批机关要求提供的其他材料。

联合举办的民办学校，应提交联合办学协议书，明确联合办学的形式、各方出资方式及数额、各方的责权利。

本条所称"联合办学"包括利用国有资产举办的民办学校。

（立法依据是《教育法》第二十六条、《高等教育法》第二十七条、《职业教育法》第二十四条、《民促法》第十二条，但对一些条款有所细化、有所补充。）

**第十八条 [筹办文件]** 具备本条例第十七条（一）、（二）、（六）项规定的民办学校，可以提出申请筹设，并向审批机关提交有关材料。

（立法依据是《民促法》第十二条。）

**第十九条 [时限规定]** 审批机关应当自受理筹设民办学校的申请之日起三十日以内以书面形式做出是否同意的决定。同意筹设的，发给筹设批准书与设置标准。不同意筹设的，应当说明理由。

关于民办学校的设置标准，由市教育行政部门另行制定。

筹设期不得超过三年，超过三年的，举办者应当重新申请。

已经申请正式设立的民办学校，必须自本条例施行起两年之内达到相应层次和类型的设置标准。达不到设置标准的，审批机关有权责令其停止招生、直至吊销办学许可证。

（立法依据是《民促法》第十三条，但有所补充。在审批民办学校筹设申请时，作为教育行政部门，应当将政府对民办学校设置的最低标准和要求在正式设立前明确告诉举办者。同时，对于已经开办的民办学校，应该在两年之内达到最低的设置要求。这样，有利于规范全市的民办学校，提高全市民办教育的整体水平。)

**第二十条 [筹办保证]** 获准筹设的民办学校,必须向审批机关交纳5万元保证金,以保证政府统筹规划的顺利实现。在筹设期限内获准正式设立的,审批机关将全额退还保证金。三年内达不到设置标准或者不申请办学登记的,由审批机关没收5万元保证金。

(在深圳,申请筹建民办学校的举办者众多,为了防止举办者的投机心理或者筹办工作马虎应付,特作此条规定。)

**第二十一条 [正式申办文件]** 申请正式设立民办学校的,举办者应当向审批机关提交下列材料:

(一)筹设批准书;

(二)筹设情况报告;

(三)本条例第十七条规定的有关材料。

(立法依据是《民促法》第十四条。)

**第二十二条 [直接申请正式设立条件]** 具备办学条件,达到设置标准的,可以直接申请正式设立,并应当提交本条例第十七条规定的有关材料。

(立法依据是《民促法》第十五条。)

**第二十三条 [审批程序与时限]** 申请正式设立民办学校的,受理机关先组织民办学校设置评议委员会进行材料审核以及实地考察,并提出参考意见。审批机关应当自受理之日起三个月以内以书面形式向申请人送达是否批准的决定,对不批准正式设立的,应当说明理由。

民办学校设置评议委员会委员由教育行政部门各处、室领导担任,必要时可以吸收教育经验丰富的社会人士参加。委员会提出的参考意见必须经二分之一委员表决同意并签字方为有效。

(立法依据是《民促法》第十六条。)

**第二十四条 [不予批准理由]** 申请正式设立民办学校有下列情形之一的,审批机关不予批准,并书面说明理由:

(一)举办民办学校的社会组织或者个人不符合法律、行政法规规定的条件,或者实施义务教育的公办学校转为民办学校的;

(二)向学生、学生家长筹集资金举办学校或者向社会公开募集资金举办学校的;

（三）不具备相应的办学条件，未达到相应的设置标准的；

（四）学校董事会（以下简称校董会）或者其他形式决策机构的人员构成不符合法定要求，或者校长、教师、财会人员不具备法定资格，经告知仍不改正的；

（五）学校章程不符合本条例要求，或者与申请筹设时的章程有重大出入，经告知仍不改正的。

（立法依据是《实施条例》第十六条。）

**第二十五条 [办学登记批准]** 获准正式设立民办学校的，审批机关发给办学许可证。

（立法依据是《民促法》第十七条。）

**第二十六条 [正式招生要求]** 举办者取得办学许可证后，应分别到市物价部门申领收费许可证，到相应的民政部门申领非企业法人单位登记证，到市技术监督部门申领代码证。各个发证机关必须即时完成相应手续。领取上述"四证"后，举办者方可招生，进行教育教学等活动。

上述证书应当置于学校办公场所的醒目位置。

（民办学校需要取得"四证"，方可正式办学。对于登记机关完成登记程序的时限为五个工作日，《实施条例》第十八条有明确规定，但考虑到各个部门的实际情况，在此改称为"即时"。）

**第二十七条 [办学行为规范]** 本市民办教育实行办学许可证制度和年检制度。

办学许可证作为民办学校的合法办学凭证，不得出借、转让、出卖，除发证的行政机关外，任何单位和个人不得收缴、扣押或吊销。

教育行政部门每年对民办学校实施年检，重点检查财务、卫生、消防、教学设施安全、校车安全以及办学活动中是否有违规行为等，并公开年检结果。对于不符合规定的，将限期整改直至吊销办学许可证。

（根据《实施条例》第五十二条、《民促法》第六十二条第（七）款等相关法律法规，并结合深圳市各区现有管理办法制定。）

**第二十八条 [学校名称规范]** 民办学校的名称应当确切表示其类型与层次，除审批机关特别批准的以外，应当按照下列规定确定：

（一）实施学前教育的教育机构称为：××幼儿园；

（二）实施学历教育的学校，按其层次和类型分别称为：××小学、中学、学校、学院；

（三）实施两年以上全日制高等或中等专业教育但不具备颁发学历文凭资格的教育机构称为：××专修（进修）学院或学校；

（四）职业技能培训机构称为：××培训（补习）学校或中心；

（五）以函授、业余方式进行教育教学活动的教育机构应在名称中注明"函授"、"业余"字样；

（六）未经国家教育行政部门批准，民办学校名称不得冠以"中华"、"中国"、"国际"等字样；

（七）未经市教育行政部门批准，民办学校名称不得冠以"深圳"字样。

（1997年10月14日原国家教委发布的《国家教育委员会关于实施〈社会力量办学条例〉若干问题的意见》对民办教育机构的名称作了较详细的规定。虽然《社会力量办学条例》已经被《民促法》取代，但这种对名称的限定在深圳仍然有很大的现实意义，故而在此提出要规范民办学校的命名。《实施条例》第十五条对规范民办学校校名也有相关规定。）

**第二十九条 [管理规范]** 市、区教育行政部门应当将批准设立的民办学校，在三个月内分别报上一级教育行政部门备案。

（立法依据是《民促法》第六十三条。）

（本章共24条，立法目的在于规范和理顺民办学校内部的组织与管理，这既有利于促进民办学校自律发展和提高教育教学质量，也便于行政部门有效地加强对民办学校的监督与管理。立法依据是《教育法》、《高等教育法》、《职业教育法》、《教师法》、《民促法》和《实施条例》的有关规定。）

## 第四章 民办学校的行政和教学管理

**第三十条 [校内管理体制]** 民办学校应当建立内部决策、执行和监督的管理体制，实行民主管理。

民办学校的内部管理体制，可以实行校董会领导下的校长负责制。

（立法依据是《民促法》第十九条与《实施条例》第二十条与第二十一条。）

**第三十一条 [党团工会组织设立依据]** 民办学校可以根据《中国共产党章程》、《中国共产主义青年团章程》，建立党组织和团组织。

民办学校的教师和其他工作人员，有权根据《中华人民共和国工会法》，建立工会组织,维护其合法权益。

(立法依据是《民促法》第二十六条。)

**第三十二条 [校董会职责与董事任职资格]** 校董会是民办学校的内部决策机构。

(一)校董会的主要职责:

1. 制定和修改学校章程;
2. 选举和罢免董事长;
3. 聘任、解聘校长;
4. 筹措办学经费,审定预算和决算;
5. 审定长远规划和年度计划;
6. 监督校产管理;
7. 学校章程规定的其他重大事项。

(立法依据是《民促法》第二十一条与《实施条例》第二十条。)

(二)校董会的组成:

校董会由举办者或者其代表、校长、教职工代表和热心教育事业、品行端正的社会人士组成,其中三分之一以上董事应当具有五年以上教育教学经验。校董会须由五人以上单数组成,设董事长一人。校董会成员的年龄不得超过75岁。

校董会首批董事由举办者推选,以后的董事按照学校章程推选,并报审批机关备案。

校董会成员必须享有完全民事权利,具备完全民事行为能力,无刑事犯罪记录。

国家现职工作人员不得兼任民办学校的董事;如因特殊原因需要,须经区以上政府批准。

董事长、董事均不得从民办学校中支取该职务酬金。

(立法依据是《民促法》第二十条与《实施条例》第十九条。)

(三)校董会的设立和解散:

校董会的设立以及董事长、董事名单,报审批机关备案。

因民办学校终止、分立、合并或校董会不能正常开展工作时,可以按照学校章程予以解散,但必须经审批机关核准。

其他形式决策机构(如,理事会等)的人员组成和主要职责参照本条和本条例第三十三条规定执行。

（立法依据是《实施条例》第二十条。）

**第三十三条 [校董会规则]** 校董会每年至少召开一次会议，经三分之一以上成员提议，可以召开校董会临时会议。

校董会成员对学校管理的意见和建议，应当在校董会或者相关会议上提出；校董会召开的所有会议必须进行记录存档。

校董会做出的重要决定，应当经三分之二以上组成人员同意方为有效。

校董会不得在审批机关核准的学校章程规定的权限之外干预学校的日常管理工作和教育教学活动。

（立法依据是《实施条例》第二十条。考虑到董事会作为一个决策机构的重要性，因此，本条规定决策机构的会议必须有记录存档；同时，为了实现民主管理，任何决策机构人员不得在会议以外个人名义进行指导和干涉。）

**第三十四条 [法定代表人任职资格]** 民办学校的法定代表人原则上由举办者或者其代表担任，也可以由校长担任。担任法定代表人的，必须具备一定的任职资格。

（立法依据是《民促法》第二十二条。）

**第三十五条 [校长任职条件与遴选程序]** 民办学校校长的任职条件，按照本条例第十四条的规定执行。

民办学校的校长，由校董会提出，并报审批机关核准后聘任。

（立法依据是《民促法》第二十一条、第二十三条与《实施条例》第二十条。）

**第三十六条 [校长职责]** 民办学校的校长全面负责本校的教学和其他行政管理工作，主要职责是：

（一）拟定发展规划，制定具体规章制度和年度工作计划并组织实施；

（二）组织教学活动和思想品德教育；

（三）拟定内部组织机构的设置方案，推荐副校长人选，任免内部组织机构的负责人；

（四）聘任与解聘教师及内部其他工作人员，对学生进行学籍管理并实施奖励或者处分；

（五）拟定和执行年度经费预算、决算方案，保护和管理校产，维护学校的合法权益；

(六)制定学校安全保障措施并组织实施;

(七)学校章程规定的和校董会赋予的其他职责。

(立法依据是《民促法》第二十四条、《实施条例》第二十一条、《高等教育法》第四十一条以及《教育法》第三十条。)

**第三十七条 [ 回避制度 ]** 民办学校应当建立完善的治理结构与内部控制制度,并切实予以实施。担任民办学校的董事长、董事、校长与担任总务、会计、出纳、人事职务的人员之间,实行亲属回避制度。

在举办者经营的企业担任本条规定职务的人员,不得兼任民办学校的总务、会计、出纳和人事职务。

(家族或者亲属控制的民办学校往往是学校内部滋生腐败和变相聚财的温床。)

**第三十八条 [ 学校自主权与义务 ]** 民办学校按照国家有关规定,自主聘任教师和其他工作人员。民办学校聘任的教师应当符合国家规定的教师资格和任职条件。教师和其他工作人员的年龄不得超过70岁。民办学校应当对其聘任的教师和其他工作人员加强思想政治教育和业务培训。

民办学校聘任教师和其他工作人员,应当与其签订聘任合同,合同内容应包括:受聘者的职责、义务、工资福利待遇、医疗和社会保险、任职期限以及双方违约的赔偿标准等。

民办学校应当积极支持教师和其他工作人员参加业务培训,并支付不低于培训费的三分之一。

民办学校聘任外籍教师,按照国家有关规定办理。

(立法依据是《民促法》第二十八条、第二十九条、第三十条和第三十二条;《实施条例》第二十四条、第二十五条;《教育法》第四条;《教师法》第四条。民办学校的教职员工的年龄结构一般是"两头大、中间小",从其现实性来看,对民办学校教职员工的年龄要求应该适当放宽。)

**第三十九条 [ 教师权利 ]** 民办学校教职工在业务培训、职称评定、教龄和工龄计算、表彰、奖励、社会活动等方面依法享有与公办学校教职工同等权利。

(立法依据是《民促法》第三十一条。)

**第四十条 [ 招生规则 ]** 民办学校应当按照审批机关审定的专业、数额和范围招生。

办学许可证年检未通过的不得招生;不得借用或假冒公办学校的名义招生。

实施义务教育的民办学校必须按照《深圳市暂住人口子女接受义务教育管理办法(试行)》的有关规定进行招生。

招收境外学生,按照国家有关规定办理。

(立法依据是《教育法》第十七条和《深圳市暂住人口子女接受义务教育管理办法(试行)》。)

**第四十一条 [广告管理]** 民办学校刊登、播放、张贴、散发招生简章和广告应当遵守下列规定:

(一)民办学校的招生简章和广告应当真实,并应说明民办学校的全称、性质、主办单位、审批机关、办学层次、办学条件、招生专业、招生对象、招生范围、学习内容、学习形式、学习期限、收费项目、收费标准、颁发何种证书、报名办法等事项;

(二)民办学校面向本市招生的招生简章和广告,应当报审批机关备案;

(三)民办学校面向广东省招生的招生简章和广告,应当分别报审批机关和广东省教育行政部门备案;

(四)民办学校跨省、自治区、直辖市招生的招生简章和广告,应当分别报审批机关、广东省和生源所在省、自治区、直辖市教育行政部门备案;

(五)招生简章和广告一经报备后,民办学校不得篡改、增删、涂改;

(六)未在审批机关备案的招生简章和广告,民办学校不得自行刊登、播放、张贴与散发。

(立法依据是《民促法》第四十一条。质量是民办学校的生命线,生源也是民办学校的生命线。民办学校组织与活动的一项重要内容,就是进行招生宣传。教育行政部门加强对其监管,是保证民办学校健康运作的重要手段。)

**第四十二条 [教学管理]** 民办学校应当按照自己的办学层次、规模设立教学(教务)处(科),配备符合任职条件的专职人员。民办学校应有一名负责人主管教学(教务)工作。

(民办学校内部管理有许多内容,相对于公办学校来说,财务管理有其特殊性。但是,民办学校与公办学校一样,教学管理仍然是核心,以培养人才为宗旨。)

**第四十三条 [教学与学籍管理]** 民办学校应当建立健全教学(教务)和学籍管理规章制度,并严格执行。

（立法依据是《实施条例》第二十八条。）

**第四十四条 [教学管理]** 民办学校的教学内容应当符合宪法、法律、法规的规定。

小学、中学应当按照国家教育行政部门和广东省教育行政部门制定的课程计划和教学大纲要求实施教育教学，选用的教材应经省级以上教育行政部门审定。

高等教育、中等专业教育自学助学机构，应当根据广东省高等教育自学考试委员会的本科、大专、中专专业考试计划和课程考试大纲制定专业教学计划和课程教学大纲，实施教育教学。

高等教育学历文凭考试试点院校，按照广东省教育行政部门制定的专业教学计划和课程教学大纲，实施教育教学。

实施文化补习、技能培训的民办学校，按照审批机关的要求编制教学（培训）计划，开展教学活动。

（立法依据是《实施条例》第二十二条。）

**第四十五条 [教育与宗教相分离原则]** 按照《中华人民共和国教育法》确定的教育与宗教相分离的原则，任何组织和个人不得在民办学校内进行宗教宣传和宗教活动。

（立法依据是《民促法》第四条。）

**第四十六条 [教学管理]** 民办学校不得将所承担的教育教学任务委托或承包给其他组织和个人实施。

（立法依据是《实施条例》第二十二条，并针对教育的特殊性提出此条要求。）

**第四十七条 [学生权利]** 除深圳市有关法律法规另有规定的以外，民办学校的学生在升学、就业、社会优待以及参加先进评选等方面享有与同级同类公办学校的学生同等权利。

（立法依据是《民促法》第三十三条以及《实施条例》第二十九条。）

**第四十八条 [校风建设]** 民办学校应当不断改善办学条件，加强教师队伍建设，积极开展教研活动，深化教学改革，培育良好教风、学风，严格考风考纪，全面实施素质教育，切实保证教育教学质量。

（立法依据是《教育法》第五十条。）

**第四十九条 [社会资源利用]** 民办学校应当充分利用社会公共设施、设备和资料，并充分借助广播电视大学和网络教育资源的作用，开展教育教学活动，提高教育教学质量。

（积极创造和利用各种资源和条件，贯彻以教育质量为中心的基本方针。）

**第五十条 [校园安全管理]** 民办学校应当制定具体的校园安全保障措施，营造和谐的校园环境。

教育行政部门应当制定切实可行的措施，加强对民办学校校园安全的监督与管理。

（构建和谐校园是贯彻落实教育方针和维护社会稳定的重要保障。）

**第五十一条 [学历证书管理]** 民办学校的学生完成学业，按照下列规定发给学历证书或培训证书或学业证书。

实施学历教育的民办学校的学生，完成学业，考试成绩合格者，由学校按照审批机关的有关规定发给学历证书。

实施高等教育、中等专业教育自学考试助学的民办学校的学生，考完高等教育或中等专业教育自学考试专业考试计划规定的全部课程（含毕业论文或毕业设计、教学实践），取得合格成绩，且思想品德鉴定合格者，由广东省高等教育自学考试委员会发给本科、专科或中专毕业证书（在毕业证书上加盖学校印章）。符合相应学位条例的高等教育自学考试本科毕业生，由有学位授予权的主考学校按照《中华人民共和国学位条例》规定，授予相应的学士学位。未取得高等教育或中等专业教育自学考试毕业证书者，民办学校可以发给写实性学业证书，载明修业年限、所学课程和考试成绩。

实施高等教育学历考试试点民办学校的参加高等教育学历文凭考试的学生，修完教学计划规定的全部课程（包括全国统考课，省统考课、学校考试课）和实践性教学环节，成绩合格，且思想品德鉴定合格者，由广东省高等教育自学考试委员会发给高等教育自学考试大专毕业证书（在毕业证书上加盖学校印章）。未取得毕业证书者，民办学校可以发给写实性学业证书，载明修业年限、所学课程和考试成绩。

实施非学历教育的民办学校的学生，完成学业，由民办学校发给培训证书或者学业证书。对接受职业技能培训的学生，经政府批准的职业技能鉴定机构鉴定合格的，可以发给国家职业资格证书。

（立法依据是《民促法》第二十五条、《教育法》第二十二条、《学位条例》第八条以及《职业教育法》第二十五条。）

**第五十二条 [印章管理]** 民办学校印章的刻制、印章的样式及尺寸、印章使用文体、印章使用、印章保管、印章丢失及重刻、学校终止后印章的收缴及销毁、私刻印章的处罚、丢失印章及违反规定使用印章的惩处等,按照国家有关规定执行;民办学校应当将学校公章样式、财务公章样式报审批机关备案。

(立法依据是《民促法》第六十条以及国家有关学校印章管理的规定。)

**第五十三条 [管理部门义务]** 任何行政部门对民办学校实施管理,不得收取规定以外的费用。

行政部门在向民办学校收取费用时,应当出示经物价部门核准的收费标准。

(立法依据是《民促法》第六十三条第(四)款。)


(本章共17条,主要涉及资产管理、投资管理、收费管理、教职工工资福利保障、财务会计、盈余分配原则、合理回报原则、财务监管以及财务预警等内容。)

### 第五章　民办学校的资产与财务管理

**第五十四条 [财务管理]** 民办学校应当依法独立设置银行账户和会计账簿,建立健全资产和财务管理制度,执行有关财经、税务、财会等法律法规,接受业务主管部门依法进行的监督与检查。民办学校制定具体的财务与会计管理办法,应当报审批机关备案。

不要求合理回报的民办学校执行《民间非营利组织会计制度》,要求合理回报的民办学校执行《企业会计制度》,民办学校所执行的会计制度一经确定,不得随意变更。

学校法定代表人为会计责任人,承担《中华人民共和国会计法》规定的法律责任。

(立法依据是《民促法》第三十四条、《实施条例》第三十四条,但具体内容有所增加。)

**第五十五条 [财务管理]** 民办学校必须设立专门的财会部门,配备具有任职资格的专职财会人员,在校长领导下,统一管理学校的各项财务工作。

(明确要求必须建立财务管理部门,财会人员必须具有规定的任职资格,同时突出校长在财务管理中的责任。)

**第五十六条 [财务监管制度]** 民办学校应当建立财务风险制度,教育行政部门应当加强对民办学校财务运行的监督与管理，必要时可以采取强制性措施，具体办法由教育行政部门制定。

（立法目的在于加强教育行政部门对学校财务的监管力度，避免出现财务风险的情况，立法依据是《民促法》第三十八条。）

**第五十七条 [资产管理]** 民办学校必须建立产权明晰的资产管理制度，对其管辖中的国有资产、举办者投入到民办学校的资产、接受社会捐赠的资产和民办学校办学积累的资产，应当分别登记建账，不得混淆各类资产性质。

本条所称"国有资产"包括：（1）政府无偿提供的土地、校舍、教学设施设备等，（2）政府以优惠政策出售的土地、校舍等的优惠部分，（3）城市规划小区配套学校（幼儿园）原始资产，（4）政府贴息贷款的贴息部分，（5）上述资产的增值部分。

上述（1）、（2）、（3）、（4）项的资产在提供给民办学校之前，必须经过评估机构以货币形式计算出公允价值，作为国有资产部分。

民办学校举办者对国有资产负有保值、增值的责任。

（立法目的在于防止国有资产流失，确保国有资产的保值与增值，因此对国有资产的准确界定是关键，也是确定投资者合理回报的基础。对国有资产的这种界定，从国内外有关法律法规来看，属于首创。立法依据是《实施条例》第三十六条。）

**第五十八条 [投资管理]** 民办学校办学前必须由评估机构对各方投入的资产进行评估。

民办学校存续期间，举办者除依法转让投资或者依法取得合理回报外，不得以任何方式抽回投资。

（立法目的在于明确投资各方的资产，为建立产权明晰制度奠定基础。同时对投资者的退出机制也有明确说法。这部分内容对《民促法》和《实施条例》有重大突破。）

**第五十九条 [资产管理]** 民办学校下列资产归学校所有，存续期间由学校依法管理和使用，但不得用于担保或者办学外投资。任何组织和个人不得侵占民办学校的校产。

（一）教育教学用地和其他固定资产；

（二）举办者投入的资产；

（三）国有资产及社会捐赠；

（四）学校资产增值的资产。

民办学校的校产应当与举办者的财产相分离。

（立法目的在于规定民办学校校产的范围，任何组织和个人不得侵占，以及民办学校的校产与举办者的财产相分离原则。立法依据是《民促法》第三十六条。但本条对这一条有补充，也有突破。这也是本条例的创新之处。）

**第六十条 [收费管理]** 民办学校的收费项目和标准，由学校提出，经审批机关审核提出意见，由财政部门、物价部门按照职责分工，根据该校的教育教学成本和接受资助的实际情况核定。

（立法目的在于规定学杂费的计算办法、收费管理。立法依据是《民促法》第三十七条和《实施条例》第三十五条。）

**第六十一条 [收费管理]** 民办学校应当按照财政、物价、教育行政部门核准的项目和标准收取学费及其他必要费用，并使用市财政部门统一印制的行政事业性收取票据或者市税务部门统一印制的发票。民办学校必须公开收费项目和标准，不得擅自设立收费项目和提高（或降低）收费标准，并接受师生和社会监督。

（本条是收费管理的进一步细化，比《民促法》和《实施条例》更具操作性。）

**第六十二条 [收费管理]** 民办学校举办学习期限在一年（不含一年）以内的教学班，按学习期限收费；举办一年以上的教学班，按学期收费，不得跨学期预收费用。学生因正当理由转学、退学的，民办学校应当按照市物价部门、教育行政部门的有关规定退还部分学费。

（本条是收费管理的进一步细化，比《民促法》和《实施条例》更具操作性。）

**第六十三条 [工资福利保障]** 民办学校应当确定各类人员的工资福利开支占经常办学费用的比例以及工资发放日期，报审批机关备案。

（本条是对教职工工资福利开支占经常办学费用比例的监控，一方面保障教职工的利益不受侵害，另一方面也保障办学经费的足额投入，从而确保教育教学质量。）

**第六十四条 [财务会计报告及审计]** 民办学校的举办者或者校董会应当委托独立的社会审计机构对所办学校的年度财务会计报告进行审计，并于会计年度结束后两个月内将经审计后的年度财务会计报告报送审批机关。审批机关应当对民办学校报送的年度财务会计报告进行审核。

年度财务会计报告应当包括下列财务会计报表及附属明细表：

（一）资产负债表；

（二）收支表；

（三）现金流量表；

（四）收支盈余分配表；

（五）债权债务明细表；

（六）财务情况说明书。

（财务会计报告与审计是对民办学校财务实施监控的有效办法，《民促法》第三十八条对此有明确规定，但本条内容比《民促法》更具操作性。）

**第六十五条 [税务检查及财务公开]** 民办学校应当在每一会计年度结束后四个月内，接受税务部门的征（免）税检查，并将税务检查报告、年度审计报告和年度财务会计报告置于学校，供学生家长和有关人员查看。

（规定此条旨在加强纳税意识。）

**第六十六条 [盈余分配]** 不要求合理回报的民办学校的办学盈余，80%转入事业基金，用于教育事业发展及后备基金，20%转入奖励及福利基金，用于集体福利和奖励教职工。

（确定收支盈余的合理比例用于教职工的福利奖金，有利于调动教职工的积极性，本条内容参照现行公办学校的做法。）

**第六十七条 [盈余分配]** 要求合理回报的民办学校的办学盈余，应当在提取10%的法定公积金、5%～10%的法定公益金和20%的事业发展后备基金以及国家规定的其他项目以后，按照学校章程规定进行分配。其中政府和教育行政部门资产投资收益必须上缴财政部门或者转为民办学校的国有资产。

（由于政府对民办学校实行税收优惠政策，使民办学校有较大的盈余，因此确定一定比例的盈余作为公积金和公益金是合理的，这笔基金也可以作为学校遇到天灾人祸时的自救款。）

**第六十八条 [合理回报原则]** 要求合理回报的民办学校在扣除办学成本、预留发展基金以及按照国家有关规定提取其他的必需的费用后，投资者可以从办学盈余中取得合理回报，但原则上学校正式设立后的前三年不得要求回报，三年后的年回报率也不得高于其投资额的15%。

(考虑到我国民办学校绝大多数是投资办学,因而允许合理回报是现实的选择。同时也考虑到办学前三年是学校办学的摸索期,不可预测的因素很多,因此规定办学前三年不得要求合理回报。为什么确定年回报率不得高于其投资额的 15%,是基于投资 10 年能够回收成本,旨在防止暴利行为。这是对《民促法》和《实施条例》第三十七条的细化,具有可操作性,也是本条例的创新之处。)

**第六十九条 [财务预警]** 民办学校的校长和会计人员依照《中华人民共和国会计法》的有关规定,对本校的会计事项实行会计监督。对于举办者的下列行为,应当予以制止并立即向教育行政部门报告:

(一)虚假出资、出资不足的;

(二)抽逃出资和占用、挪用学校教育收费的;

(三)其他违反国家相关法律法规的行为。

教育行政部门接到报告后,应当及时采取必要的措施。

(本条旨在强化校长和财会人员的财务管理责任,以避免财务风险。)

**第七十条 [离任审计]** 民办学校的校长及主要管理人员离职离任时,校董会、举办者或民办学校应当对其进行离职离任审计,并报审批机关备查;必要时,审批机关可以要求校董会或举办者或民办学校委托社会审计机构进行审计。

(离职离任审计旨在避免腐败行为出现,是对财务监管的有效手段。本条参照现行企事业单位的做法。)

("变更与终止",属于民办学校的退出机制问题,也关系到民办学校产权的落实问题。这与"民办学校的设立"一起,构成民办学校完整的进出机制。"变更与终止",重点是要解决产权归属与确认问题。虽然《民促法》等对回报问题予以肯定,但产权问题,也即民办学校退出机制问题,尚存在异议。本条例对产权问题作了前瞻性的界定,不仅易于操作,也兼顾了政府、投资者以及社会多方面的利益。本章总共 13 条,主要依据是《民促法》、《实施条例》的有关规定。)

## 第六章 民办学校的变更与终止

**第七十一条 [变更情形]** 民办学校有下列情形之一的,应当报审批机关批准:

(一)民办学校改变名称、校址、办学性质、类型、层次、形式及隶属关系的;

（二）民办高等学校增设或撤销专业的；

（三）与其他企事业单位、社会团体及社会组织和个人合作办学的；

（四）合并或者分立的。

民办高等学校拟增设或撤销的专业，应经市教育行政部门报广东省或国家教育行政部门批准。

（立法依据是《民促法》第五十三条、第五十五条，但内容有所增加。）

**第七十二条 [变更申请]** 民办学校举办者、校董会成员、法定代表人的变更，按照下列规定办理。新的举办者、校董会成员、法定代表人应当具备本条例规定的条件。

（一）举办者的变更，须由举办者提出，在进行财务清算后，经校董会同意，报审批机关核准；但举办者变更的时间间隔原则上不得少于两年。

（二）校董会成员的变更，须由校董会提出申请，报审批机关备案；但校董会成员变更的时间间隔原则上不得少于一年。

（三）法定代表人的变更，须由校董会提出申请，报审批机关和登记机关备案；但法定代表人变更的时间间隔原则上不得少于两年。

（立法依据是《民促法》第五十四条，但内容有所补充。）

**第七十三条 [变更文件]** 民办学校与企事业单位、社会团体及社会组织和个人合作办学或者合并或者分立，由合作、合并、分立后的举办者提出申请，按照拟办民办学校的性质、层次和隶属关系，报相应的审批机关批准。

向审批机关提出申请时，举办者应当提交下列材料：

（一）合并、分立或者合作办学的各方共同签署的申请报告；

（二）民办学校的资产清查报告；

（三）社会审计机构出具的审计报告；

（四）善后计划工作安排；

（五）本条例第十七条规定的有关材料；

（六）审批机关要求提供的其他有关材料。

（立法依据是《民促法》第五十三条，但对该条内容有较大的补充，更具操作性。）

**第七十四条 [终止情形]** 民办学校终止，由审批机关核准；拒不终止的，由审批机关依法予以终止。

民办学校有下列情形之一的,应当终止:

(一)根据学校章程规定要求终止,并经审批机关批准的;

(二)被吊销办学许可证的;

(三)办学资源(包括资金、师资和生源)长期严重不足、校舍大部分闲置的;

(四)中期办学水平抽查评估连续两次不合格的。

(立法依据是《民促法》第五十六条,但对该条内容有所补充,更具操作性。)

**第七十五条 [终止职责]** 民办学校终止时,必须妥善安置在校学生,审批机关应当予以协助。实施义务教育的民办学校终止时,审批机关必须协助安排学生继续就学。

(立法依据是《民促法》第五十七条。)

**第七十六条 [清算办法]** 民办学校终止时,应当依法进行资产清算。

民办学校自己要求终止的,由民办学校组织清算;被审批机关依法撤销的,由审批机关组织清算;因资不抵债无法继续办学而被终止的,由人民法院组织清算。但不论何种情形的清算工作,均应成立清算组。

资产清算按照下列步骤进行:

(一)由评估机构以货币形式计算出学校资产负债总额,并出具评估结果报告;

(二)由清算组根据投入各方实际投入的金额及相关协议,计算出终止时投入各方应占的份额。

(立法依据是《民促法》第五十八条,但内容有很大的创新,更具操作性。)

**第七十七条 [清算办法]** 终止的民办学校属于租赁办学的,在完成本条例第七十六条规定的程序后,按下列顺序处置:

(一)支付应退的学生的学费及其他费用或者预留安置学生的费用;

(二)支付所欠教职工的工资及社会保险费用;

(三)偿还其他债务;

(四)返还投入的国有资产及增值部分;

(五)返还举办者。

(立法依据是《民促法》第五十九条,但比该条细化,更具操作性。)

**第七十八条 [清算办法]** 终止的民办学校属于自有校舍的,在完成本条例第七十六条规定的程序后,由政府委托中介组织进行拍卖,或者以略低于学校资产总额的价格(差价在 10% 以内)由政府收购。

(立法依据是《民促法》第五十九条,但比该条细化。这也是本条例的创新之处。)

**第七十九条 [清算办法]** 自有校舍的民办学校在取得出售实得额并扣除下列各种费用后,剩余的资产应当归还举办者:

(一)应退的学生的学费及其他费用,或者学生的安置费用;

(二)应发的教职工的工资及应缴纳的社会保险费用;

(三)清算费用;

(四)偿还其他债务;

(五)返还投入的国有资产及增值部分;

(六)社会捐赠及增值部分。

(立法依据是《民促法》第五十九条,但比该条细化。这也是本条例的创新之处。)

**第八十条 [投资者资产返还限制]** 出售实得额不足支付本条例第七十九条规定的民办学校应承担的各种费用时,举办者不能获得任何资产。

(本条针对本条例第七十九条可能出现的结果进行预测,并提出出现这种结果的处理办法。)

**第八十一条 [投资者资产返还限制]** 终止的民办学校,有本条例第八章所列有关条款的任何一种情况的,政府有权剥夺举办者应得的所有或者部分资产。

(立法依据是《实施条例》第四十七条。)

**第八十二条 [投资者资产处理方式]** 举办者所有的学校资产可以继承与转让。

(本条对《民促法》有重大突破,是本条例的创新之处。)

**第八十三条 [注销登记]** 终止的民办学校,由审批机关向社会公布,并在一月内收回办学许可证和印章,予以注销登记。

(立法依据是《民促法》第六十条。)

(本章共 10 条，主要涉及设立政府专项资金、政府扶持方式、优惠政策、奖励政策、资助政策以及捐赠表彰等内容。立法主要依据是《民促法》和《实施条例》。)

## 第七章　民办学校的扶持与奖励

**第八十四条 [ 专项资金设立 ]** 为提高民办教育公益性，促进民办学校健康、稳定和优质发展，市政府应当设立专项资金。专项资金按照"专款专用、结余留用"的原则执行。

有下列情形之一的，经市政府审批后予以拨付：

（一）市、区政府委托民办学校承担义务教育任务，按照委托协议需要拨付的相应教育经费；

（二）与民办教育有关的奖励金；

（三）民办教育工作者的补助金；

（四）民办教育工作者培训费的部分资助经费（可以承担不低于培训费的三分之一）；

（五）民办教育管理网站的建设与维护费；

（六）民办学校检查、评估的费用；

（七）其他经市政府批准列支的费用。

区政府可以设立专项资金，并参照上述规定制定具体的实施办法。

（本条立法对深圳民办教育的发展具有重要意义，并对资助的范围提出建议。立法依据是《民促法》第四十四条。）

**第八十五条 [ 政府扶持方式 ]** 各级政府可以根据教育发展需要，采取下列方式扶持民办学校：

（一）对接受教育行政部门统一安排的义务教育阶段学生的学校，按照当年生均公用经费标准和接受学生的人数给予补贴；

（二）对不要求合理回报的民办学校在教育教学用地方面给予减、免土地使用费和配套设施费；

（三）对租用国有资产办学的学校，视实际情况给予租金优惠；

（四）对按照城市规划和教育发展规划举办的学校的基本建设投资给予贷款

贴息；

（五）以政府项目形式支持学校开展教育科研、教学改革；

（六）民办学校教职工的入户指标；

（七）民办教育工作者的工资补助；

（八）民办教育工作者培训资助；

（九）学校分立、合并或者终止，其符合规定的义务教育阶段学生必要时由教育行政部门安排就近入学；

（十）将政府接管的其他民办教育资源，用于扶持民办教育；

（十一）政府认为适当的其他扶持方式。

（本条针对深圳民办教育发展的实际，提出若干扶持方式。）

**第八十六条 [优惠政策]** 民办学校在引进资金、购置教学设备、兴办校办产业等方面，与公办学校享有同等待遇。

（立法依据是《教育法》第六十五条。）

**第八十七条 [优惠政策]** 任何单位和个人不得对民办学校摊派各种费用；有关部门向民办学校提供水、电、气等项服务的收费标准，应当与公办学校同等对待。

（本条立法是落实公民办学校在法律上是同等地位的举措。）

**第八十八条 [税收优惠政策]** 对民办学校实行与公办学校相同的减免税政策；对要求合理回报的民办学校实行免征营业税的优惠政策，但举办者合理回报的部分应当按照有关规定缴纳个人所得税。

（考虑到民办学校同样具有社会公益性，因而在征税方面政府应当让利，以表示对民办学校的支持。立法依据是《实施条例》第三十八条。）

**第八十九条 [特许学校]** 政府对不要求合理回报的、且办学效益高、自律性强、社会信誉好的民办学校，以签约的形式颁发特许学校证书。证书持有者在开设新校、分校、承办住宅小区配套学校、政府资助等方面，享有优先权。特许学校以自律性管理为主，在一定范围内享受免检待遇。

特许学校的标准由市教育行政部门另行制定。

（激励民办学校端正办学态度，争创名校，提高深圳市民办教育的知名度与美誉度。）

**第九十条 [奖励政策]** 市教育行政部门每两年组织一次民办学校校长学习交流、表彰总结大会。对于办学成绩卓著、办学方向正确的校长,按一定比例从物质与精神两个方面给予奖励。

(立法依据是《民促法》第六条和《实施条例》第三条。确定评奖周期为两年,不确定奖励比例和额度,皆从教育行政部门的实际情况考虑。)

**第九十一条 [奖励政策]** 对于在本市正式开办三年以上、办学规模在中等水平以上、没有重大的不良记录、中期抽查评估合格以上的民办学校,按一定比例从物质与精神两个方面给予奖励。

(立法依据是《民促法》第六条和《实施条例》第三条。)

**第九十二条 [资助政策]** 根据教师信息库与财务人员信息库,除了给予优秀者进行相关奖励外,市教育行政部门应当每年或者每月从专项资金中给予民办教育工作者适当补助,具体数额由教育行政部门统筹安排。

(立法依据是《民促法》第五条、第二十七条以及《教育法》第三十二条。对教师等许多工作人员的奖励的具体办法,可以采取由学校按比例上报人数,然后由教育行政部门网上以及书面公示,再组织人员下去调查,根据相关人员信息库进行确认。至于多少年更换一次以及资助方式和金额,可以视具体情况而定。)

**第九十三条 [捐资表彰]** 对于捐资办学者,实行税前捐款,并给予表彰。捐资者可以指定捐赠用途以及相关要求,政府以及民办学校应当在维护捐资者的合理要求的前提下按照国家有关法律法规予以处理。

民办学校可以依法以捐赠者的姓名、名称命名学校的校舍或者其他教育教学设施、生活设施。捐赠者对民办学校发展做出特殊贡献的,实施高等学历教育的民办学校经国家教育行政部门按照国家规定的条件批准,其他民办学校经市教育行政部门或者劳动和社会保障行政部门按照国家规定的条件批准,可以以捐赠者的姓名或者名称作为学校校名。

(立法依据是《民促法》第六条和《实施条例》第三条、第三十九条。中国的民办教育基本上都是投资办学,但不排除捐资办学的可能性以及在民办学校办学过程中捐资行为的存在。)

（本章共 13 条，立法目的与第七章一样，是为了加强对民办学校的监督与管理，同时也是一种间接的监管手段。立法依据是《教育法》《民促法》以及《实施条例》等。）

## 第八章 民办学校的惩罚与处置

**第九十四条 [惩处原则]** 教育行政部门对民办学校的惩处主要实行责任追究制；在涉及重大事项的处置上，将依照本条例对民办学校做出强制性的惩处。

（在对待民办学校的惩罚与处置方面，直接的经济处罚主要偏重个人，而不是学校；直接的责任落实到个人，而不是学校。）

**第九十五条 [无证办学处罚]** 未取得办学许可证，擅自招生、办学的，由教育行政部门和其他有关部门分别给予下列处罚：

（一）经审查符合办学条件的，对举办者处以 2 万元以上 5 万元以下的罚款，并限期办理办学许可证；逾期不办理的，责令终止办学；拒不执行的，由行政执法部门依照有关规定予以处罚；

（二）经审查不符合办学条件的，对举办者处以 5 万元以上 10 万元以下的罚款，责令其退还所收取的一切费用并终止办学；拒不执行的，由行政执法部门依照有关规定予以处罚；

（三）被吊销办学许可证或者明令终止办学后，仍以原学校名义进行活动的，没收其违法所得，并由行政执法部门依照有关规定予以处罚。

构成犯罪的，依法追究刑事责任。

（立法依据是《民促法》第六十四条。以上行为属于无证办学行为，违规行为特别恶劣，必须给予重罚。）

**第九十六条 [虚假行为处罚]** 有下列虚假行为之一的，由有关部门予以处罚：

（一）伪造、变造和买卖办学许可证的，由教育行政部门予以没收；

（二）举办者办学登记时提交虚假证明文件或者采取其他欺诈手段取得办学许可证的，由审批机关吊销办学许可证，并视情节轻重给予 5 万元以上 10 万元以下的罚款；

（三）举办者虚假出资、出资不足、抽逃出资的，由审批机关责令改正，并处以违规金额 5% 以上 10% 以下的罚款；情节严重的，责令停止招生、吊销办学许可证；

（四）伪造、变造会计凭证、会计账簿，编制虚假财务会计报告的，由有关部门按照《中华人民共和国会计法》等法律法规的有关规定予以处罚；

（五）教育中介组织提供虚假证明文件，或者因过失提供的报告有重大遗漏的，由市教育行政部门和其他有关部门分别给予责令改正、警告、没收违法所得、停业整顿、吊销直接责任人资格证书和执业许可证的处罚。

构成犯罪的，依法追究刑事责任。

（立法依据是《民促法》第六十二条、《实施条例》第四十九条和第五十条。）

**第九十七条 [非法变更处罚]** 未经核准，擅自变更办学登记内容的，由审批机关予以警告，并责令限期改正或者办理变更登记；逾期未办理的，处以1万元以上10万元以下的罚款；因违法变更损害他人利益的，依法追究责任人法律责任。

（立法依据是《民促法》第五十四条、第六十二条以及《实施条例》第四十九条。）

**第九十八条 [非法广告处罚]** 未在审批机关备案，擅自发布招生广告的，由工商行政管理部门依照《中华人民共和国广告法》，对广告主、广告经营者、发布者予以处罚。

因发布虚假广告损害他人合法权益的，依法由广告主承担民事责任，广告经营者、发布者承担连带责任；构成犯罪的，依法追究刑事责任。

（立法依据是《民促法》第四十一条、第六十二条以及《实施条例》第二十六条、第四十九条。）

**第九十九条 [乱收费处罚]** 民办学校有下列行为之一的，由市物价部门予以处罚：

（一）收取或者变相收取教育储备金；

（二）不按规定的期间收取教育费用；

（三）自立收费项目、擅自提高或降低收费标准；

（四）其他乱收费行为。

不使用规定的票据收费，由财政或者税务部门处罚；情节严重的，由审批机关吊销办学许可证。

（立法依据是《民促法》第三十七条、第六十二条以及《实施条例》第四十九条和第五十一条。）

**第一百条 [办学不善处罚]** 民办学校管理混乱、教育教学质量低下，造成恶劣影响的，由教育行政部门限期整顿，并给予警告；情节严重或者经整顿仍达不到要求的，由审批机关责令停止招生、吊销办学许可证。

学校颁发未按规定验印的学历证书的，由教育行政部门宣布该证书无效，责令其收回并予以没收；有违法所得的，没收违法所得；情节严重的，取消其颁发证书的资格。

（立法依据是《民促法》第六十二条以及《实施条例》第四十九条和第五十一条。）

**第一百零一条 [重大安全事故处罚]** 明知校车、校舍和教育教学设施等有危险而不采取措施或者不及时报告，致使发生重大伤亡事故的，将依法追究刑事责任。

违反交通管理法规的，由交通管理部门责令改正，并予以处罚；违反消防管理法规的，由公安消防部门责令改正，并予以处罚；违反食品卫生管理法规的，由卫生行政部门责令改正，并予以处罚；不按期整改或者拒不整改的，由教育行政部门责令停止招生、吊销办学许可证；造成重大安全事故、构成犯罪的，依法追究刑事责任。

（立法依据是《实施条例》第四十七条、第五十一条。）

**第一百零二条 [侵占教育资产处罚]** 违反本条例第五十九条的有关规定，侵占或者挪用学校校产，改变教育用地和设施的用途，破坏教育场地和设施的，依法承担民事责任；构成犯罪的，依法追究刑事责任。

不执行本条例第五十九条的有关规定，学校校产与其举办者的财产不分离，不依法独立建账的，除按照《中华人民共和国会计法》的有关规定处罚外，由教育行政部门限期整改、并处以 1 万元以上 10 万元以下的罚款；情节严重的，吊销办学许可证。

（立法依据是《民促法》第六十二条以及《实施条例》第四十七条、第四十九条。）

**第一百零三条 [侵占教育资产处罚]** 违反本条例第六十六条、第六十七条的有关规定，提高盈余分配比例的，由教育行政部门责令改正，并予以警告；情节严重或者拒不改正的，吊销办学许可证；构成犯罪的，依法追究刑事责任。

（立法依据是《民促法》第六十二条以及《实施条例》第四十七条、第四十九条。）

**第一百零四条 [校长、会计失职处罚]** 民办学校的校长和财会人员不按照本条例第六十九条规定履行职责的，对责任人处以违规金额 5% 以上 10% 以下的罚款,建立执业操行不良记录,并撤销校长和财会人员的任职资格。

(立法依据是《民促法》第二十三条以及《实施条例》第五十一条。)

**第一百零五条[行政部门失职处罚]** 教育行政部门和其他有关部门工作人员有下列行为之一的,依法给予行政处分;构成犯罪的,依法追究刑事责任:

(一)滥用职权、越权审批的;

(二)在审批过程中,徇私舞弊的;

(三)按照本条例规定应作为而不作为、监管不力,造成严重后果的。

(立法依据是《民促法》第六十三条。)

**第一百零六条[行政诉讼]** 当事人对行政处罚决定不服的,可以依法申请复议或者提起诉讼。逾期不申请复议、不起诉、又不履行处罚决定的,做出处罚决定的行政部门可以申请人民法院强制执行。

(制定本条规定的目的是为确保不错罚,同时也需要尊重民办学校以及受罚者的权利。)


(本章共6条,主要涉及条例的约数界定、营利性学校、中外合作办学、下位部门制定规章依据、与现行法规的关系、实施日期等内容。)


## 第九章 附 则

**第一百零七条[约数界定]** 本条例中所称"以上",均含其本数(级);"以下"均不含其本数(级)。

**第一百零八条[对经营性学校的规定]** 在工商行政管理部门登记注册的经营性的民办学校或培训机构,按照《中华人民共和国公司法》等相关法律法规进行管理。

**第一百零九条[不适用范围]** 与外国教育机构合作办学的民办学校,不适用本条例。

**第一百一十条[下位部门制定规章依据]** 各区教育行政部门可以根据本条例制定具体的规章制度。

**第一百一十一条[与现行法规的关系]** 本条例自生效之日起,本市教育行政法规凡与本条例的有关规定有抵触的,以本条例为准。

**第一百一十二条[生效日期]** 本条例自颁布之日起施行。

# 附录二

# 《深圳市民办教育管理条例》(专家建议稿)起草说明

## 一、《深圳市民办教育管理条例》的起草过程

厦门大学课题组于 2005 年 7 月 20 日受深圳市教育局的委托,开展"深圳市民办教育管理立法调研和起草草案稿"的工作。本课题的立项,从一开始就是为了服务于深圳市人大常委会的立法工作,因此是一个密切联系深圳市立法实际需要、实践性和针对性很强的应用课题。课题组成员在深入研究《中华人民共和国教育法》、《中华人民共和国高等教育法》、《民促法》及其实施条例、全国部分省市有关民办教育管理的法规或规章制度以及国家其他相关法律法规的基础上,并在深圳开展调查研究、收集相关资料、广泛听取政府有关部门和一些民办学校举办者的意见和建议,经过三个月的研究和多次修改之后,完成了委托任务。课题组之所以能够在这么短的时间内完成委托任务,主要归功于深圳市教育局领导的高度重视、教育局相关部门和各区教育主管部门领导和民办学校的大力支持。该成果也是教育理论工作者和教育实践者共同智慧的结晶。

《深圳市民办教育管理条例》(以下简称《条例》)的起草过程大致可以分为以下四个阶段:

**第一阶段:政协调研、列入立法规划和委托专家研究**

深圳市政协始终十分关注本市民办教育工作的发展,在多次视察与调研的

基础上，先后在市政协三届二次、三次会议上提出关于加强深圳市民办教育工作的提案。近期，又多次召开了有民办学校董事长、校监、校长参加的专题座谈会，并就促进深圳市民办教育的发展提出意见和建议。鉴于民办教育对促进深圳市教育发展的重要性，市人大决定将《条例》的制定工作列入今年地方立法规划之中，并通过市教育局正式委托厦门大学高等教育科学研究所开展立法调研和起草草案稿工作。

第二阶段：召开座谈会、确立草案框架和初稿形成

2005年7月上旬在接到深圳市教育局拟委托我们开展深圳市民办教育管理立法调研和起草草案稿工作的意向后，我们立即组织以邬大光教授为组长、厦门大学高等教育科学研究所科研人员和博士生参加的课题组，并着手国内外有关法律法规的搜集工作。7月20日，厦门大学课题组一行5人赴深圳实地调研，并与市、区教育主管部门领导和民办学校领导举行多次座谈会，广泛听取管理者和办学者的意见和建议，以及搜集深圳市各区现有的管理规章制度或政策文件。在此基础上，课题组就《条例》的基本指导思想、立法原则和依据等基本问题展开了热烈的讨论，并确立草案稿的起草框架。

在为期近一周的调研工作后，课题组返回厦门，进行草案稿的起草工作。在起草过程中，我们始终与市教育局保持联系，交换意见。经过一个月的实地调研和分析研究，8月22日《条例》（讨论稿）第一稿形成，并提交深圳市教育局。

第三阶段：听取市教育局领导和有关专家的意见、修改初稿和形成第二稿

8月31日，课题组专程赴深圳，听取市教育局领导对《条例》（讨论稿）第一稿的修改意见。在为期半天的时间里，市教育局领导对《条例》（讨论稿）第一稿提出了许多具体的修改意见和一些值得深入研究的问题，为《条例》的完善奠定了基础。

与此同时，课题组还就《条例》有关内容，咨询了厦门大学的会计学专家和行政法专家，并得到了这些专家的指导，弥补了我们一些相关知识的不足。

在听取市教育局领导和有关专家的意见后，我们对《条例》（讨论稿）第一

稿进行了修改,于9月20日形成了《条例》(讨论稿)第二稿,并再次提交深圳市教育局。

**第四阶段:听取市、区教育局领导的意见和形成第三稿、第四稿**

深圳市教育局在接到《条例》(讨论稿)第二稿后,立即将该讨论稿下发各区教育局征求意见,并于10月27日汇总各区教育局上报的修改意见和建议,及时反馈给我们课题组。课题组根据各区教育局的意见和建议,在第二稿的基础上又进行了修改,形成了第三稿。第三稿完稿后,课题组于11月1日再次赴深圳,继续征求市、区教育局领导和部分民办学校领导的意见,并在此基础上形成第四稿,也就是11月7日提交深圳市教育局的《条例》(专家建议稿)。

## 二、《条例》的立法原则与立法依据

### (一)立法原则

通过二十多年来的立法实践,我国地方立法已经总结出"不抵触、有特色、可操作"三个原则,全国人大立法工作会议对此已经给予了充分肯定。这也是《条例》(专家建议稿)起草的基本原则。

不抵触,就是要求我们的《条例》必须与《中华人民共和国教育法》、《民促法》等教育法律法规以及国家其他法律法规保持一致,与国家法律的规定没有抵触和矛盾。《中华人民共和国立法法》第六十三条第一款规定:"省、自治区、直辖市的人民代表大会及其常务委员会根据本行政区域的具体情况和实际需要,在不同宪法、法律、行政法规相抵触的前提下,可以制定地方性法规。"因此,《条例》制定的法律依据就是《中华人民共和国立法法》和其他教育法规(详见下节的具体分析)。

地方立法还要根据《中华人民共和国立法法》第六十四条的规定,恪守自己的立法权限,就是在以下两种情况下可以制定地方法规,"(一)为执行法律、行政法规的规定,需要根据本行政区域的实际情况作具体规定的事项;(二)属于地方性事务需要制定地方性法规的事项。……其他事项国家尚未制定法律或者行政法规的,省、自治区、直辖市和较大的市根据本地方的具体情况和实际需要,可以先制定地方性法规。……"《条例》的制定，属于上述第一种情况。

有特色，就是切实针对深圳市地方社会发展、教育发展的实际情况进行立法。有专家指出：民办教育管理地方立法要把握的最重要的一点就是发挥地方立法特色。为此，课题组多次召开有管理者和办学者参加的专题座谈会，充分了解深圳市市情和民办学校的要求与希望，找到民办教育特点。同时针对地方的具体情况和实际需要，制定出适应深圳市市情的民办教育管理法规。关于《条例》（专家建议稿）的地方特色，后面还将详细论述。

可操作性，是指《条例》所规定的内容不可过于原则和抽象，而应该概念清晰、便于理解、减少歧义，同时又较为具体、便于操作。此外，立法还要适应本地的教育发展水平，并据此提出适当的要求，不可超乎现实的可能，否则就难以贯彻执行，造成立法资源的浪费。为了实现可操作性，《条例》（专家建议稿）引入行为立法的立法理念，在《民促法》和《实施条例》的指导下，紧密结合深圳民办教育的实际，对民办学校的办学行为进行了详细的规范。

除了以上三个原则之外，我们的起草工作还体现了"以人为本"、"公平公正"和"大众参与"的原则，充分体现法律法规的"契约"性质而不是"王法"特点，也就是说，民办教育管理法律法规要区别于行业或部门内自上而下的行政命令。因此在起草过程中，我们广泛调研，充分吸取民办学校办学者的智慧，使广大办学者将这一法规看成是"自己的"法规，意识到其中包含有自己的合法权益，而不是政府部门添加在自己身上的命令、负担、责任。

（二）立法依据

《条例》（专家建议稿）严格遵守国家法律法规，争取做到各个条款都有法律法规依据。具体情况，请参见《深圳市民办教育管理条例及其条款说明》。

起草《条例》（专家建议稿）最直接的法律依据是《民促法》和《实施条例》，在体例结构、基本概念、基本精神以及具体规定上都可以从这两部国家法律法规中找到依据。同时，《条例》遵循了《中华人民共和国教育法》、《中华人民共和国高等教育法》、《中华人民共和国教师法》、《中华人民共和国职业教育法》等相关教育法律法规的基本精神；参阅了《中华人民共和国行政许可法》、《中华人民共和国行政处罚法》、《中华人民共和国担保法》、《中华人民共和国税收管理条例》、《公司法》和《劳动法》等国家其他法律法规。

## 三、《条例》的内容结构和地方特色

（一）内容结构

1. 行文格式：

历来法规"条例"的行文，一般主要有两种格式：

第一类是条款分章列举，各有章名。这样的条例，如，《实施条例》、《中华人民共和国中外合作办学条例》，等等。

第二类是单纯条款列举，即条款不分章列举，如，《中华人民共和国学位条例》、《深圳市暂住人口子女接受义务教育管理办法（试行）》，等等。

《条例》（专家建议稿）采用第一类的行文格式，条款分章列举。原因是《条例》包含的内容较广泛，也涉及社会方方面面，将内容分类分章排列，则层次较为清晰，主要内容得以强调。

2. 内容安排：

《条例》（专家建议稿）共有九章，合计112条：

第一章　总则。本章共5条，主要涉及立法宗旨、立法依据、适用范围、民办学校的法律地位及限制范围，作为统领下述各章各条的总原则。

第二章　行政部门的管理职责与分工。本章共4条，主要规范了深圳市各级行政部门的管理职责和审批权限。

第三章　民办学校的设立。本章共20条，主要涉及民办学校的申办条件、审批程序、拒批理由、名称规范等内容。

第四章　民办学校的行政和教学管理。本章共24条，主要涉及民办学校的校内管理体制、校董会规则、校长职责、学校自主权与义务、招生规则、广告管理、教学与学籍管理、教师与学生的权利与义务、校风建设、校园安全管理、学历证书管理、印章管理等内容。

第五章　民办学校的资产与财务管理。本章共17条，主要涉及民办学校的资产管理、收费管理、工资福利保障、财务会计报告及审计、税务检查及财务公开、盈余分配、合理回报原则、财务预警、离任审计等内容。

第六章　民办学校的变更与终止。本章共 13 条，主要涉及民办学校的变更情形、变更申请、变更文件、终止情形、终止职责、清算办法、投资者资产返还限制、投资者资产处理方式、注销登记等内容。

第七章　民办学校的扶持与奖励。本章共 10 条，主要涉及专项资金设立、政府扶持方式、优惠政策、奖励政策、资助政策、捐资表彰等内容。

第八章　民办学校的惩罚与处置。本章共 13 条，主要涉及惩处原则、无证办学处罚、虚假行为处罚、非法变更处罚、乱收费处罚、办学不善处罚、重大安全事故处罚、侵占教育资产处罚、校长与会计失职处罚以及行政部门失职处罚等内容。

第九章　附则。本章共 6 条，主要涉及《条例》的约数界定、下位部门制定规章依据、营利性学校、中外合作办学、与现行法规的关系、实施日期等内容。

《条例》对民办学校办学过程中管理者、举办者、办学者的主要行为都作了较为全面、具体的规定，尤其是对民办学校的进出机制、资产与财务管理作了许多创新性的补充。具体条款的说明和出处，请参见《条例》的逐条说明，在此不再赘述。

（二）关于《条例》的地方特色问题

地方立法的特色问题，是市、区教育主管部门和民办学校举办者自始至终关注和强调的问题之一。所谓立法的地方特色，一是指它与众不同，或者说有所创新；二是指它针对性强，也就是在解决一般性问题的同时，也特别致力于解决本地的主要问题。

当然，在强调突出地方特色的同时，仍然必须遵守上位法和国家其他相关法律法规的规定。

我们认为，《条例》（专家建议稿）的特色主要有以下几点：

第一，创新性。《条例》（专家建议稿）的创新性首先表现在立法的理念上。我国现行的国家或地方法律法规的制定绝大多数都采用原则立法，在这种立法理念的指导下制定的法律法规具有包容性强、使用周期长的优点，但同时也存在法律法规的施行过程中，由于执法者的水平不同而导致把握法律法规的尺度不同等弊端。鉴于原则立法存在这样的缺陷，我们在起草《条例》时，采用了法制建设比较好的国家通行的做法，即采用行为立法，也就是对已经出现或可能出现的行为进行规范。在这种立法理念的指导下制定的法律法规具有刚性强、无灵活解释余地的优点，从而使法律法规规定的各方处于同等地位。其次，《条例》抓住民办教育管理的重点与焦点问题——民办学校的进出机制和民办学校的资产与财务管理，根据《民促法》、《实施条例》以及相关法律法规规定，并结合我们已有的研究成果，对《民促法》和《实施条例》的原则性规定进行补充或细化，使其具有可操作性。比如，《条例》第五十六条关于财务监管的规定，就是我们根据宝安区和龙岗区的有关规章制度（"三方共管"方案）提炼而成的；第五十七条关于国有资产的界定，就是我们根据已有的研究成果概括出来的（"国有资产"内涵外延的界定）；第六十八条关于合理回报的规定，就是我们根据《民促法》的原则性规定，并结合我国企业的投资回报状况，对民办学校举办者的年回报率作出"不得高于其投资额的15%"的规定；第八十二条关于投资者资产的处理方式，就是我们基于调动举办者投资办学的积极性，创造性地提出"举办者所有的学校资产可以继承与转让"的；等等。

第二，针对性。目前深圳市的各级民办教育均占有较大的比重，尤其在义务教育阶段，民办教育占据半壁江山，这在全国是独一无二的现象，在世界其他国家也是不多见的。因此，课题组针对深圳市的实际情况（人口结构特殊、政府无法满足非户籍人口子女接受义务教育的需求、民办教育市场巨大、民办学校举办者绝大多数都明确表示要求合理回报等），进行《条例》的起草工作。比如，针对深圳民办教育市场巨大、民办学校办学条件悬殊很大的特点，《条例》在第十四条、第十七条、第十九条、第二十条、第二十三条、第二十四条都对民办学校的准入资格进行了严格的规定；又如，针对义务教育应由政府承担的发展趋势，《条例》在第八十四条、第八十五条、第八十六条、第八十七条、第八十八条、第八十九条都对政府应当加大对民办教育的投入力度进行了规定；再如，针对深圳市民办学校举办者绝大多数都明确表示要求合理回报的实际，我们在起草《条例》时，借鉴国外私立学校法的有益经验，有针对性地提出了许多具有可操作性的规定，等等。

第三，系统性（或称完整性、全面性）。如上所述，《条例》是以行为立法为立法理念的，因此，系统性是其基本要求。《条例》在《民促法》和《实施条例》的指导下，在充分吸收了国家其他教育法律法规的有关内容、全国部分省市民办教育管理条例中的好做法，以及深圳市各区教育行政部门在民办教育管理实践中的有益经验的基础上,对民办教育的管理者、举办者、办学者方方面面的内容均做出了明确的、具有可操作性的规定。

第四,规范与扶持并重。"规范就是对民办教育的最大扶持",这也是我们在起草《条例》过程中始终坚持的一个基本理念。鉴于前面已经提到的问题:1. 深圳非户籍人口众多,其子女接受教育的需求大;2. 政府对教育的投入无法满足非户籍人口子女接受义务教育的需求,需要开放民办教育市场;3. 民办教育市场巨大,而民办学校举办者绝大多数又都明确表示要求合理回报,等等,因此《条例》规范的对象包括了政府(各级行政部门)、社会组织、民办学校举办者、教师和学生等,但以规范政府(各级行政部门)和民办学校举办者的责权利为重点。《条例》一方面对民办教育的市场准入与退出机制、民办学校举办者的办学行为进行了规范,另一方面对政府应负的责任也做出了明确的规定,旨在通过政府在经费和政策方面对民办教育的扶持,达到对民办教育管理的目的,充分发挥政府宏观调控民办教育市场的作用。

2005 年 11 月 7 日

# 后　记

　　1998年，我还在日本广岛大学大学教育研究中心做访问学者的时候，刚刚调来厦门大学高等教育科学研究所（现为教育研究院）工作的邬大光教授，在与我通信中邀我与他一起做民办（私立）高等教育研究，当时我并没有当一回事。回国后的翌年即1999年，由于我国政府启动实施高校扩招政策，民办高等教育迎来了大发展的春天。是年4月，由邬大光教授主持的"全国民办大学校长研讨会"在厦门大学隆重举办。正是这次研讨会的召开，使我看到了我国民办高等教育发展对理论的迫切需求。此后，在厦门大学还召开了两次与民办高等教育有关的重要会议。这些会议的连续召开，使邬大光教授领衔的厦门大学民办高等教育研究中心与全国民办高校的交往越来越广，承接民办高校委托的课题也越来越多。

　　但没有预料到的是，2000年3月，我被厦门大学党委委任为社会科学研究处副处长，2013年1月升任处长。虽为兼职，但组织委托的重任岂敢儿戏，于是过上了长达近19年的"把兼职当全职做，把全职当兼职做"的生活。不过，在充分履行行政职责之余，我还是借助参与邬大光教授主持的有关民办高等教育研究的课题以及自己主持的教育部社科基金项目"亚太地区私立高等教育政策研究"，在2001年至2011年间围绕私立（民办）高等教育发展的制度环境建设这一主题，单独或与我指导的硕士生薄云一起撰写了11篇论文。这些论文先后在《教育研究》、《高等教育研究》、《比较教育研究》、《教育发展研究》等教育学一类期刊或其他CSSCI来源期刊上发表。民办高等教育自上世纪末以来迎来了快速发展的黄金时期，并日益成为我国高等教育系统的重要组成部分，但与此同时也面临着很大的挑战。民办高等教育发展所面临的挑战，对于从事高等教育研究者来说，却是难得的研究机遇。但是于我而言，却是心有余而力不足。2018年12月，我轮岗到《厦门大学学报（哲社版）》编辑部兼任主任，从此少了很多行政事务的繁琐，也就有了比较充裕的时间。于是便燃起我重操"旧业"的热情。

　　今天即将呈送给大家的这本《私立高等教育研究：理论与政策》，虽说是对我们过去一个时期阶段性学术工作的梳理与总结，但我们也想藉此机会探寻后续的研究方向，寻找研究的灵感。通过梳理这本在现在看来仍有很多不足的小册子，我们认为这些前期的研究成果无论是国别选择、聚焦主题还是研究方法，还是具有较为鲜明特色的。简述以下：

1. 国别类型多样。在研究国别的选择上，我们以中国为圆心，采取不同的尺度标准作为半径，试图勾勒出具有一定代表性的私立高等教育发展图谱。根据文化传统，我们选取的国家既有同属儒家文化圈的东亚的日本、韩国，也有殖民文化和民族文化、宗教文化和世俗文化不断碰撞下的东南亚的马来西亚、菲律宾；根据经济发展水平的不同，选取的既有发达国家，也有发展中国家，甚至金砖国家之一、南美最大的经济体——巴西也被囊括其中；根据私立高等教育发展的制度安排，国家主导型和市场主导型两种制度安排的代表国家（分别为日本和美国）自然不会缺席；从高等教育发展阶段来看，这些国家程度不同地实现了由高等教育大众化阶段向普及化阶段过渡，甚或是普及化阶段的全覆盖。无论是文化传统、经济发展水平，还是高等教育发展阶段，私立高等教育发展的制度环境差异，或者所属的教育类型（补充教育或选择教育），每个国家基本都可以在这些国别中找出适合自己的参照系。

2. 涵盖的主题比较聚焦。对于私立高等教育发展而言，质量是其永恒的生命线，对人才培养质量以及教育公平的追求更是其社会价值的体现。从内部来看，为提高履职效能，高校的运行围绕组织治理而展开，激励机制（合理回报或其他营利行为）和约束机制（经费管理、质量保障与监管）是治理、运行机制的应有之义。从外部来看，私立高等教育发展的制度环境建设则在其与政府、（国内外）市场以及社会其他组织的互动与角力中实现，证明自身的存在价值与合理性。但无论从何种研究角度切入，对私立高等教育的研究都无法逃脱不同层面对理论问题的探究和对现实困境的应对，甚至实际操作层面的探讨，既涉及发展经验的总结也有教训的汲取。因此，本书总论从私立高等教育发展的制度环境建设谈起，在对韩国、马来西亚、菲律宾等亚洲国家私立高等教育发展的制度环境、政府态度、管理体制（包括经费管理和质量管理）及拉美国家私立高等教育发展的趋势及特点、巴西私立高等教育发展的质量困境及应对机制等进行探讨的同时，还对政策变迁视角下我国民办高等教育发展战略的抉择与办学困境的突围进行了深入研究与思考。

3. 在国际比较中验证和形成理论，在探索中将理论转化为实践。他山之石，可以攻玉。关于制度环境建设这一研究主题，我们将私立高等教育发展中教育类型的转型与政府态度的变化作为两个重要变量结合起来审视私立高等教育发展，得出了补充教育向选择教育转型中政府态度变化的规律，并尝试在国别研究中得以验证，不断修正、完善理论。同时，我们还试图将国家法律法规以及理论探索下的教育研究成果转化为教育实践，用理论指导实践，让理论在实践中落地生根。《深圳市民办教育管理条例》就是在这样的美好设想下的一种尝试。

正是基于对私立高等教育及私立高校多重角色和丰富样态的判断与把握，以及在国别选择、关注重点和研究方法的采用等方面，我们都致力于更为立体化的研究，因此，即便这些研究成果已问世多年，但是当我们把这些研究结论照进当前世界范围内私立高等教育发展的现实时，我们发现，对私立高等教育发展制度环境建设这一主题的探讨仍未过时，而且世界私立高等教育发展的制度环境仍具有较大的提升改善空间。之所以做出这样的判断，主要基于以下两点：

其一，大学组织具有旺盛生命力。作为一个个个体，大学具有产生、发展和消亡的历史，但从大学作为社会组织的组织属性，或者作为一种社会现象来看，资本的力量和逐利性以及组织对卓越的追求，使得作为社会组织的私立高校的生命力俨然比我们想象中要强大得多。当前，私立高等教育不仅仅是一种教育类型，它也已成为多元化教育市场上的不可或缺的力量，其发展态势甚至已超越了我们一贯的思考框架和范畴。研究只有进行时而没有完成时。

其二，历史发展进程中难免会出现惊人的相似之处。从时间跨度上看，关于亚洲国家私立高等教育的研究文章大多发表于2006—2008年间，也恰好是对1998年亚洲金融危机爆发之后十年间私立高等教育发展历史与现状、机遇与困境的回顾与思考，这不仅关乎现实困境，更有对其未来命运、可持续发展的思考。如今，距离2008年全球金融危机爆发已十年有余，又是一个经济周期的轮回。当我们把先前得出的研究结论置于历史长河中去印证、检验，并试图完善时，先前的研究结论或理论似乎又变得鲜活起来，重新获得了生命力。尽管有的现象或许只是昙花一现，但总有一些趋势和特点会成为人们的一种共识，逐渐沉淀，形成一种规律去指导实践。而这正是整理这些研究成果获得的意外惊喜之处，也更能凸显出版本书的意义与价值。

惊喜之余，也难免留下些许遗憾。因此，整理过程中我们也在反思，其中包括对研究本身的反思，例如研究过程中我们是否曾夸大了公、私立高等教育之间的对立或差异性，忽视了二者之间的统一或相似性？或者由于专业的局限性，我们常拘泥于单一学科范围内？或者仅仅停留在一国一地之高等教育历史中，横向国别比较稍逊于纵向历史分析？或者因为认识狭隘，缺乏专业敏感性对一些问题倾注较多心力，而对有些问题却浅尝辄止，难免会错过一些在今天看来对我国民办教育发展更为适切的问题，如民办高等教育分类管理问题，等等。对于研究者而言，带着这份遗憾出发并非是件沮丧的事情，相反可以赋予我们更多热情和力量，后续研究我们完全可以从国际比较和历史长河中学习到更多，立足现实而又不断抽离，从对现象的解析中进行更多规律性的提炼与升华。认识到这一点，可能是此次做这项工作的意外收获，因此我们有足够的理由对未来民办（私立）高等教育发展持有更美好的期待。

我们能够在民办高等教育研究领域取得些许的研究成果，首先应该感谢当年邬大光教授的邀请，是他敏锐的问题意识把我们引导到这个研究领域，其次是潘懋元先生及教育研究院为我们营造了浓厚的研究环境，在这浓厚的研究环境中得以结识一批志同道合的老师和学生。本书能够问世正是在这群相互砥砺的学人的共同作用下完成的，对本书做出具体学术贡献的是，总论篇（陈武元），第一章的第一节（李枭鹰）、第二节和第三节（陈武元），第二章的第一节和第二节（陈武元），第三章的第一节、第二节、第三节和第四节（陈武元、薄云），第四章的第一节和第二节（薄云），附录一和附录二（陈武元）。

把这些论文和部分为地方政府服务的研究成果编成一本书的直接契机是，我终于脱离了行政岗位，有了更多追求"诗与远方"的闲暇。从过去堆满文件的行政主楼办公室移到如海景房般的宽敞的研究室，这种物理空间的变换不仅仅是工作空间的简单变化，重要的是这种变化激发了我"被压抑很久"的研究热情。想把自己以前的研究做个小结的愿望也就只有在这样的条件下才会有的"奢望"。在厦门大学出版社总编辑宋文艳女士的大力支持下，我的这个愿望得到了实现，与此同时，该社责任编辑曾妍妍女士对本书给予细心的编辑，也使本书的结构和可读性增色良多。在此一并向关心支持我的各位表示衷心的感谢。

陈武元

2019年3月23日海外楼307室